Sprudelnde Kräfte

Daniela E. Schenker

Sprudelnde Kräfte

Die Bedeutung
von Zimmerbrunnen
im Feng Shui

Mit einem Vorwort von
Prof. Dr. Jes T. Y. Lim

JOY
VERLAG

Die in diesem Buch beschriebenen Anleitungen wurden
sorgfältig geprüft.
Sollten durch deren Anwendung wider Erwarten eventuelle
Schäden entstehen, können die Autorin sowie der Verlag
keine Haftung übernehmen.

Die Deutsche Bibliothek -
CIP-Einheitsaufnahme

Schenker, Daniela:
Sprudelnde Kräfte : die Bedeutung von Zimmerbrunnen
im Feng Shui / Daniela Schenker. - Sulzberg : Joy-Verl., 2000
    ISBN 3-928554-39-5

Auflage 5 4 3 2 1
Jahr 2003 2002 2001 2000

Umschlaggestaltung: Kuhn Grafik, Zürich
Satz und Gestaltung: Michael Epperlein, Biberach
Umschlagfoto: Fa. Primavera Life GmbH, Sulzberg
Kalligraphien: Julie A. Lim, Sydney
Zeichnungen: Antonia Baginski, München
Fotografien (siehe Bildnachweis S. 124): Gerd Heidorn, Oy-Mittelberg
Lektorat: Karin Schanzenbach, Hamburg
Druck: Legoprint S. P. A., Lavis (TN)

Printed in Italy

Inhalt

Vorwort

Wasser ist die Grundessenz unseres Lebens. Wo Wasser zu sehen ist, gibt es Lebewesen. Selbst in der Wüste finden wir Tier- und Pflanzenleben sowie menschliche Siedlungen. Es gibt sogar Menschen, die sich ausschließlich von Wasser und der Qi-Energie in der Luft ernähren können.

Alle Lebewesen, auch der Mensch, verfügen über ein spezielles Radarsystem, das es ihnen ermöglicht, Wasser zu finden. Die lebendige Qi-Energie, eine intelligente Kraft, wird von Wasser angezogen; insbesondere wenn es sich um belebtes Wasser handelt, das in Bewegung ist. Wo Wasser ist, gibt es Sauerstoff und lebendiges Qi. Je lebendiger das Wasser, desto mehr Qi ist vorhanden; die Luft wird »negativ ionisiert«. Wir fühlen uns in der Nähe von sauberem, glitzerndem, belebtem Wasser an einem Wasserfall oder Springbrunnen sehr wohl, können durchatmen und spüren, wie wir aufgeladen werden. Der Geist ist klar, und wir sind kreativer und intuitiver. An großen Gewässern wie einem See, einem Wasserfall oder am Meer finden wir häufig Reichtum und ein reges Geschäftsleben. Aus diesem Grund setzen die Chinesen seit Jahrtausenden reines, lebendiges Wasser mit Wohlstand gleich.

Da sich in der Umgebung von Wasser viel Qi und Sauerstoff sammeln, sind Brunnen und Wasserobjekte für Heim und Büro die wichtigsten Hilfsmittel im Feng Shui. Nicht alle sind jedoch angemessen oder passend.

Das Interesse an Feng Shui ist weltweit groß. Das Buch »Sprudelnde Kräfte« ist also höchst aktuell und bietet viele wichtige Tips zum Einsatz und Selbstbau von Zimmerbrunnen. Vieles davon mag selbst professionellen Brunnenbauern und Feng-Shui-Beratern noch nicht bekannt sein. Die Informationen, die Daniela E. Schenker zusammengetragen und geordnet hat, sind außerordentlich hilfreich.

Sie sollen dazu dienen, dass in Zukunft mehr Brunnen gebaut werden, die eine wohltuende Wirkung haben und Vitalität, Erfolg, Wohlstand sowie ein gutes Feng Shui unterstützen.

Professor Dr. Jes T. Y. Lim

Prof. Dr. Lim ist ein international bekannter Feng-Shui- und Geomantie-Meister. Er ist Bestsellerautor von »Feng Shui & Gesundheit« (Joy Verlag) und »Feng Shui für Büro und Business« (Integral Verlag).

Einleitung

Wasser hat mich schon immer fasziniert. Als Kind verbrachte ich die Urlaubszeit am Meer zum größten Teil nicht im, sondern unter Wasser oder in der Brandung, wo ich mit der Sogwirkung der Wellen, auch bei höherem Wellengang, experimentierte. Von Sonnenbräune fand sich nie eine Spur, die Haut im Gesicht schälte sich dort, wo die Taucherbrille gesessen hatte. Heute steige ich gerne auf Waldspaziergängen in einen gurgelnden Bach oder verweile lauschend am Ufer. Und noch immer faszinieren mich Wasserfälle. Ich genieße die Gischt und die tanzenden Regenbögen.

Vor einigen Jahren besuchte ich die Krimmler Wasserfälle, die größten Europas, und dort fiel mir wieder besonders auf, wie stark belebend die Wasserenergie wirkt. Schon in einigen hundert Metern Entfernung beginnt die Luft zu duften. Jung und Alt kommen hierher, um sich an diesem Ort zu erholen – sogar Menschen, denen der recht steile Weg schwer fällt, und alle machen einen fröhlichen, belebten Eindruck. Aus der Sicht des Feng Shui, das der Wechselwirkung zwischen Umwelt und Mensch nachspürt, ist das kein Wunder: Man spricht von einem außergewöhnlich hohen Qi-Gehalt der Luft in der Nähe von Wasserfällen.

Auch wissenschaftlich ist dieses Phänomen belegt, hat man doch in dieser Umgebung einen äußerst hohen Gehalt von negativen Ionen gemessen, welche der Luft die Frische verleihen.

Wie wunderbar, dass wir heutzutage die Möglichkeit haben, ein Stück Natur in Form eines Zimmerbrunnens in unsere Räume zu holen, um eine entspannende oder auch belebende Atmosphäre zu schaffen. Vor meinem Feng-Shui-Studium war ich bereits von Brunnen begeistert, und heute plätschert es bei mir in fast jedem Zimmer. Durch Feng Shui lernte ich unter anderem das bewusste Platzieren, um bestimmte Aspekte im Leben zu stärken. Dieses Wissen möchte ich mit Ihnen teilen. Ich zeige Ihnen eine Reihe von Brunnen, wie sie in Innenräumen eingesetzt werden können, um zum einen die Raumluft zu verbessern und zum anderen nach den Empfehlungen des Feng Shui Harmonie, Wohlstand und Erfolg zu fördern. So können Sie von Ihrem Brunnen gleich mehrfach profitieren. Viel Freude mit den sprudelnden Kräften!

Daniela E. Schenker

Wir Menschen sind sehr eng mit Wasser verbunden:

- Unser Leben beginnt, wie das der meisten Lebewesen im Wasser – in der Fruchtblase.

- Unser Körper besteht zu 70–80 Prozent aus Wasser.

- Unser Blut besteht zu über 90 Prozent aus Wasser, der Speichel sogar zu 98 Prozent.

- Unsere Knochen enthalten etwa 1/5 reines Wasser.

- Wichtige Organe enthalten besonders viel Wasser, so besteht das Gehirn zu 70 Prozent aus Wasser.

- 99 Prozent aller Stoffwechselvorgänge sind an das Vorhandensein von Wasser gebunden.

- Kein anderes Lösungsmittel kann annähernd so viele Stoffe aufnehmen wie das Wasser.

- Wasser besitzt auch die Eigenschaft, feinstoffliche Informationen aufzunehmen. Wie bei homöopathischen Hochpotenzen bleiben die Wirkungen auch dann bestehen, wenn die zuvor gelösten Stoffe gar nicht mehr vorhanden bzw. nachweisbar sind.

Kapitel 1 : Ein Spaziergang durch die Welt der Zimmerbrunnen

Wasser in den unterschiedlichen Kulturen

Seit jeher ist der Mensch vom Wasser geprägt. Wasser ist die Grundlage allen Lebens. Kein Wunder also, dass Wasser eine starke Faszination auf uns ausübt und immer mehr Menschen sich auch in ihrer Wohnung mit Wasser umgeben wollen.

Bei den Naturvölkern ist der Spürsinn für Wasser noch stark entwickelt. So können die Aborigines in Australien Wasser über weite Entfernungen buchstäblich riechen. Auch bei uns gibt es Menschen, die zum Beispiel die Strahlung von unterirdisch fließendem Wasser wahrnehmen können – dies sind die so genannten Rutengänger. Einige Menschen spüren die Strahlung sogar mit bloßen Händen.eit alters steht in den verschiedenen Kulturkreisen Wasser sowohl für Leben, Reinheit, Gesundheit als auch für Wohlstand.

Die alten Ägypter und Babylonier beschäftigten sich bereits mit künstlichen Wasseranlagen. Sie schafften spezielle Brunnen für heilige Plätze. Meist wurden diese Anlagen mit Frischwasser betrieben.

Den Arabern war das Wasser sehr kostbar; es floss in kunstvoll angelegten Brunnenanlagen und Kanalsystemen durch die Häuser, um sie durch die Verdunstung zu kühlen.

In den Paradiesgärten der indischen Mogule floss im übertragenen Sinne »Milch und Honig« in den Flüssen. Das Wasser wurde in einigen Fällen über spezielle Wassertreppen mit einer schuppenförmigen Struktur gelenkt, die das Wasser weiter verwirbeln ließ. Nach dem Wissen des Feng Shui bedeutet das, dass eine verstärkte Reibung und Ionisierung stattfindet, und dadurch wird vermehrt kosmisches Qi angezogen.

Zusätzlich wurde das herunterrinnende Wasser mit Rosenwasser versetzt und mit Rosenblättern bestreut – eine wahre Kostbarkeit: Wir können uns vorstellen, wie hier die Sinne geweckt und belebt wurden.

Auch die Römer und Griechen verehrten den »Quell des Lebens«. Durch eine geniale Konstruktion konnten

römische Brunnenanlagen sogar ohne Pumpen betrieben werden. In alten Zeiten war es gang und gäbe, Schlösser und Regierungsgebäude mit aufwendigen Brunnenanlagen auszustatten. In der Romantik plätscherte es in lauschigen Grotten.

In japanischen Gärten gehörte ein Steinbecken für rituelle Waschungen, das durch ein Bambusrohr gespeist wurde, zur Gartenkomposition. Noch heute wäscht man sich in einem Wasserbecken Hände und Mund, bevor man den Garten als heiligen Ort betritt.

Bei asiatischen Wassergärten geht es nicht – wie z.T. im Westen – um strenge Strukturen, Symmetrie und Kontrolle über die Natur, sondern um eine Synthese von Naturelementen. Aus asiatischer Sicht stehen einzelne Teile der Natur für ein bestimmtes Element: Ein Stein kann z.B. einen ganzen Berg repräsentieren; eine Chrysanthemenblüte steht symbolisch für die Qualität der Schönheit. Eine weitere Besonderheit liegt in den Größenverhältnissen – Landschaften im Miniaturformat finden selbst in einer Schale Platz, und durch sorgfältig arrangierte Elemente wie Steine, Wasser und Pflanzen entstehen Panoramen von Stille und Schönheit wie bei einer großen Landschaft (siehe auch Landschaftsbrunnen auf S. 34/95). »Stilles Wasser« finden wir in der chinesischen und in vielen anderen Kulturen in Form von dekorativen Schalen, die mit Wasser und frischen Blüten gefüllt sind.

Grundsätzliches zu Zimmerbrunnen

Den klassischen Feng-Shui-Brunnen als solchen gibt es nicht. Die alten Schriften konzentrieren sich auf Aussagen zum so genannten Wasserdrachen. Damit sind zuerst einmal das Wasser und seine Verlaufsformen im Freien in Form von Bächen, Flüssen, Seen oder dem Meer gemeint. So gibt es komplexe Berechnungen, aus welcher Himmelsrichtung das Wasser im Optimalfall in Richtung Haus fließen und in welcher Richtung es wieder abfließen sollte. Innerhalb mancher alter Herrschaftshäuser gab es ein teilweise offenes Kanalsystem, in denen sich das Wasser gemäß der optimalen Flussrichtungen bewegte.

Wenn ich im Rahmen dieses Buches von Zimmerbrunnen und Feng Shui spreche, gehe ich von einer Grundregel im Feng Shui aus, die besagt: Lebendiges Wasser zieht verstärkt Qi-Energie, also Lebensenergie, an. Demzufolge wird generell empfohlen, in Innenräumen dort einen Brunnen aufzustellen, wo mehr Qi-Energie benötigt wird, z.B. im Eingangsbereich, in einem langen Flur oder einem vom Eingangsbereich weit entfernten und deshalb energiearmen Raum. Natürlich stellt sich grundsätzlich die Frage: Wie soll der eigene Brunnen aussehen, wo genau soll er stehen, was kann er leisten?

Dazu möchte dieses Buch einen Überblick geben: Es werden verschiedene Tisch- und Säulenbrunnen sowie einige größere Brunnenformen vorgestellt, die gut für Feng-Shui-Zwecke eingesetzt werden können. Im zweiten Teil werden einige Grundlagen des Feng Shui wie das Prinzip von Yin und Yang, die Acht Lebensziele und die Fünf Elemente mit dem Schwerpunkt Wasser und Brunnen beschrieben.

Dabei beschränke ich mich absichtlich auf Zimmerbrunnen, weil sie folgende Vorteile haben: Die meisten sind einfach aufzustellen und wieder abzubauen und können daher problemlos an unterschiedlichen Orten eingesetzt werden. Platz für einen kleinen Zimmerbrunnen, der die Raumatmosphäre verbessert, gibt es eigentlich immer. Meist ist dieser dann der erste Schritt, der Spaß und Lust macht, den nächsten und vielleicht größeren Brunnen auszuprobieren.

Für größere Brunnenanlagen, die fest in einem Bereich, z. B. im Foyer installiert werden, sollten noch detailliertere Feng-Shui-Aspekte erörtert werden (siehe Ausblick, S. 117). Bei Wassereinrichtungen im Außenbereich gibt es technische Herausforderungen sowie Feng-Shui-Regeln, die sich von denen für Innenräume teilweise unterscheiden. Damit wird deutlich, wie groß und umfassend der Wasserdrache ist.

Bevor ich Sie zu einem Spaziergang durch die Welt der Zimmerbrunnen einlade, erläutere ich Ihnen kurz einige Symbole, die Sie in den Brunnenprofilen finden und die im Kapitel Feng Shui ab Seite 53 genauer erläutert werden.

Ich habe die Brunnen danach geordnet, wie sich die von ihnen ausgehende *Wasserenergie* verteilt.

 Brunnen mit rauer/stark gewellter Oberfläche, bei dem sich das Wasser zu allen Seiten verteilt. Starke Wasserenergie. Dieser Brunnen sollte etwa einen halben Meter von der Wand oder mitten im Raum aufgestellt werden, um seine volle Wirkung zu entfalten.

 Brunnen mit glatter Oberfläche, sanfte Wasserenergie. Dieser Brunnen kann sehr gut an der Wand oder in einer Ecke aufgestellt werden. Sie können ihn aber auch mitten im Raum oder in die Nähe Ihres Sitz- oder Arbeitsplatzes stellen.

 Die sanfte Wasserenergie verteilt sich vorwiegend nach vorne und seitlich, da sich hinter dem Wasseraustritt eine Figur, Pflanzen oder hohe Dekorationen befinden. Dieser Brunnen passt sehr gut in eine Zimmerecke.

Wasserstrahlen strömen aus einer Düse, einem Bambusrohr oder einem Speier. Bei feinen Wasserstrahlen ist die Energie sehr sanft. Die Wasserenergie verteilt sich vorwiegend in eine Richtung. Die Wasseraustrittsöffnung sollte in den Raum hineinzeigen.

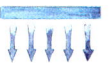 Große glatte oder aufgeraute Oberfläche, über die das Wasser strömt. Starker Befeuchtungseffekt. Je nach Größe besonders für große Räume geeignet.

 Das Wasser fließt spiralförmig nach unten ab. Die Wasser-austrittsöffnung sollte in den Raum hineinzeigen.

 Die farbigen Flächen auf der Kompassscheibe zeigen günstige Himmelsrichtungen an, in denen der Brunnen aufgestellt werden kann.

 Dieses Symbol zeigt an, welche Elemente bei der Brunnengestaltung überwiegen. Da das Wasserelement durch das fließende Wasser betont ist, erscheint das Wasserelement immer zusammen mit dem dominierenden Brunnenelement.
Kombinationen:

 Wasser-Wasser    Wasser-Holz    Wasser-Feuer

Wasser-Erde   Wasser-Metall

 Tipps, Nützliches

Grundsätzlich unterscheide ich zwischen Brunnen mit starker Wasserenergie, die vor allem für größere Bereiche und Aktivitätenräume (Yang-Bereiche) wie Wohnzimmer, Foyer, Großraumbüro oder Wintergarten geeignet sind. Brunnen mit sanfter Wasserenergie eignen sich vor allem für kleinere Räume und Ruheräume (Yin-Bereiche) wie Schlafzimmer, Studierzimmer und Meditationsräume.
Ausführlichere Hinweise finden Sie zu Yin und Yang auf S. 61, zum Standort auf S. 62, zu den Acht Lebenszielen auf S. 65, zu den Fünf Elementen und dem Geburtsjahreselement auf S. 71 sowie zur Symbolik von Brunnenaccessoires auf S. 88.
Beginnen wir nun unseren Spaziergang – vergessen Sie zuerst einmal feste Regeln, lassen Sie sich treiben – verweilen Sie, wo Sie sich wohl fühlen – spüren Sie – genießen Sie. Wenn Sie einen Brunnen entdeckt haben, der Ihnen gefällt, können Sie mit Hilfe der Informationen im 2. und 3. Kapitel dieses Buches zu einem kundigen Brunneninteressenten, -käufer oder zu einem Brunnenbauer werden.

Alabasterbrunnen mit gerilltem Kugelkopf aus Glas

Ein eleganter Blickfang, der vielfältig eingesetzt werden kann.

Wasser
Durch den weich gerillten Kugelkopf wird die Wasserenergie zu allen Seiten sanft verteilt.

Standort
Die Säule ist von innen beleuchtet und verbreitet stimmungsvolles Licht; damit kommt sie auch in dunkleren Bereichen sehr gut zur Geltung. Ein sehr schönes Objekt für den Eingangsbereich, für große Wohnräume und für Praxisräume.

Symbolik
Die gerundeten und geschwungenen Formen bringen Harmonie in den Raum. Setzen Sie mit unterschiedlichen Glas- oder Edelsteinen Akzente.

Harmoniert mit den Geburtsjahreselementen
Holz, Wasser, Erde, Metall.

Pagodenbrunnen

Dieser mundgeblasene Brunnen erinnert in seiner Form an eine Pagode oder einen Stupa (ein tibetisches Monument). Der Künstler hat die Proportionen Klängen nachempfunden, wodurch sich so genannte »harmonikale Maße« ergeben. Die Pagode ist von innen beleuchtet und erstrahlt auch in dunkleren Bereichen in kräftigen Farben.
Ein kraftvoller, harmonischer Brunnen, der für Feng-Shui-Zwecke gut geeignet ist. In vielen Farbkombinationen und zwei Größen erhältlich, daher vielfältig einsetzbar.

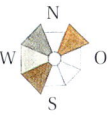

Wasser
Kräftige Wasserenergie durch die wellige Oberfläche, der Brunnen läuft praktisch geräuschlos. Verwenden Sie unbedingt entkalktes Wasser, damit sich auf dem Glas kein Belag bildet.

Standort
Der kleine Brunnen kann mitten im Raum, z. B. in Schreibtischnähe, ansonsten mit ca. 0,5 Meter Abstand zur Wand aufgestellt werden.
Der große Brunnen passt in den Eingangsbereich und in Praxisräume. In Aktivitätenräumen kann er mitten im Raum aufgestellt werden.

Symbolik
Die Pagode symbolisiert Wissen und Weisheit.
Im Becken ist etwas Wasser sichtbar – der Wohlstand wird »gehalten«.

Harmoniert mit den Geburtsjahreselementen
Wasser, Holz, Erde, Metall – je nach Farbe des Brunnens.

Gerillter Kugelbrunnen

....

Es handelt sich um ein kraftvolles Wohlstandssymbol, das die Energie sehr breit streut.

Wasser

Die Wasserenergie wird durch die starken Rillen weit verteilt. Der Brunnen läuft praktisch geräuschlos. Verwenden Sie unbedingt entkalktes Wasser, da sich sonst der Kalk auf dem Goldbelag leicht festsetzt. Goldbelag ist empfindlich, deshalb muss der Brunnen vorsichtig gereinigt werden.

Standort

Eingangsbereich, Aktivitätenräume. Raummitte. Wenn der Brunnen in einem der acht Lebensbereiche aufgestellt werden soll, 0,5 Meter Abstand zur Wand halten, damit im Wandbereich durch die starke Wasserenergie keine Turbulenzen entstehen.

Symbolik

Quasi ein »Goldstück«. Die Kugel steht für Ganzheit und für die Welt. Das Wasser in der Schale ist sichtbar und symbolisiert Wohlstand.

Harmoniert mit den Geburtsjahreselementen

Metall, Wasser, Erde.

Kugelbrunnen in Säulenform

Diese Säule aus Keramik kann sehr
vielseitig dekoriert werden.
Verwenden Sie beispielsweise
Glassteine, künstliche Ranken oder
schwimmende Keramikkugeln in
vielen Farben.

Wasser
Die Wasserenergie wird durch die
starken Rillen kraftvoll verteilt. Der
Brunnen läuft praktisch geräuschlos
und ist sehr leicht zu reinigen.

Standort
Eingangsbereich und Aktivitätenräume. Wenn Sie den Brunnen in
einem Ruheraum aufstellen möchten,
halten Sie möglichst viel Abstand
zum Körper.

Symbolik
Harmonische Energie durch die drei
Wölbungen. Die Zahl Drei steht für
Lebendigkeit.

*Harmoniert mit den
Geburtsjahreselementen*
Erde, Metall, Wasser, Holz.

Figurenbrunnen

Ein weiteres reizvolles Beispiel für westliche Brunnenkunst aus Metall mit Feng-Shui-Wirkung.

Wasser
Je nach Einstellung der Pumpe ertönt ein kräftiges, anregendes Wasserplätschern.
Achtung: Wählen Sie eine große Brunnenschale, da das Wasser stark spritzt.

Standort
Der Wintergarten, ein Eingangs- oder Wohnbereich profitieren von der Wasserenergie dieses Brunnens.

Symbolik
Der Junge kann für jemanden stehen, der davon träumt, einen »dicken Fisch« zu fangen. Der Fisch steht für Wohlstand.
Stellen Sie die Pumpe auf einen stärkeren Durchfluss ein, auch wenn Sie mit Spritzern rechnen müssen, denn ein stärkerer Strahl symbolisiert mehr Fülle.

 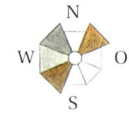

Harmoniert mit den Geburtsjahreselementen
Metall, Wasser, Erde.

Sandsteinbrunnen

Ein schlichter Steinbrunnen, der zwei
Feng-Shui-Kriterien erfüllt, nämlich
die Wasserreibung und das sichtbare
Sammeln des Wassers im Auffangbecken.

Standort
Dieser Brunnen passt gut in einen
Wintergarten oder zu einem rustika-
len Ambiente. Das Becken sollte am
besten zur Mitte des Raumes hin
ausgerichtet sein.

Symbolik
Von oben gesehen wirkt die Säule
wie eine einfache Blüte oder ein
Kleeblatt. Die miteinander ver-
schmolzenen Säulenteile können
auch Zusammenhalt, z. B. von
Familienmitgliedern, symbolisieren.
Das leicht geschwungene Becken
»hält« den Wohlstand.

Harmoniert mit den Geburtsjahreselementen
Erde, Metall, Wasser.

Wasser
Es entsteht ein sanftes Wassergeräusch. Die Säulenformation hat eine
aufgeraute Oberfläche und verteilt
die Wasserenergie zu allen Seiten.
Zusätzlich entsteht eine leichte Fließ-
bewegung von der Säule hin zur
anderen Beckenseite.

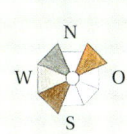

Kugelbrunnen in Blau-Gold

Ein wirkungsvoller Brunnen
für den Wohlstand. Die goldenen
Schwimmkugeln verstärken
diese Eigenschaft noch.

Wasser
Durch die glatte Oberfläche entsteht
sanfte Wasserenergie. Der Brunnen
läuft praktisch geräuschlos und ist
sehr leicht zu reinigen.
Verwenden Sie entkalktes Wasser,
um den Goldbelag zu schützen.

Standort
Aktivitätenräume, aber ebenso
Ruheräume. Der Brunnen ist
auch als kleiner Eckenfüller gut
geeignet.

Symbolik
Neutrale, harmonische Säulenform,
deren Farben harmonisch kombiniert
sind. Ihren persönlichen Deko-
rationsideen sind keine Grenzen
gesetzt.

Harmoniert mit den
Geburtsjahreselementen
Metall, Wasser, Erde.

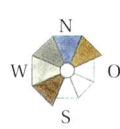

20

Brunnen mit gerilltem Kugelkopf

Ein kleiner pflegeleichter Tischbrunnen, der platzsparend aufgestellt werden kann. Er ist als Duftbrunnen gut geeignet.

Wasser
Sanfte Wasserenergie, der Brunnen läuft praktisch geräuschlos. Stellen Sie die Pumpe genau ein, um Spritzer zu verhindern.

Standort
Aktivitäten- und Ruheräume. In der Nähe des Arbeitsplatzes kommen die ätherischen Öle gut zur Geltung.

Symbolik
Die Kugelform steht für Harmonie. Der Wohlstandsaspekt ist nicht betont, da das aufgefangene Wasser nicht sichtbar ist.

Harmoniert mit den Geburtsjahreselementen
Holz, Wasser, Erde. Der Brunnen in Weiß passt auch zum Metallelement.

Goldener Kugelbrunnen
mit glatter Oberfläche

Dies ist ein prächtiger Kugelbrunnen. Wenn Sie ihn beleuchten, breiten sich die goldenen Lichtstrahlen im ganzen Raum aus und verbreiten Wohlstands- energie. Sie können die Wirkung weiter steigern, indem Sie goldene Münzen, Goldbarren-Imitationen und schöne Halbedelsteine direkt in die Wasserschale legen.

Wasser
Sanfte Wasserenergie, der Brunnen läuft praktisch geräuschlos. Unbedingt entkalktes Wasser verwenden, da sich der Kalk auf dem Goldbelag leicht festsetzt. Goldbelag ist empfindlich, daher vorsichtig reinigen.

Standort
Aktivitätenräume, Meditationsraum. Im Schlafzimmer mindestens 2 Meter Abstand zum Bett halten.

Symbolik
Die Farbe Gold steht für Reichtum, die Kugel für Ganzheit und für die Welt. Das Wasser in der Schale ist sichtbar und zeugt von Wohlstand.

Harmoniert mit den Geburtsjahreselementen
Metall, Wasser, Erde.

Brunnen in Lotosblütenform

Ein vielseitig einsetzbarer Brunnen mit sanfter Feng-Shui-Wirkung.

Wasser
Sanfte Wasserenergie. Der Brunnen läuft praktisch geräuschlos, wenn die Brunnenschale knapp bis zum Rand gefüllt ist. Stellen Sie die Pumpe genau ein, um Spritzer zu vermeiden.

Standort
Ein schöner Blickfang im Wohnzimmer und Büroraum. Auch für ruhige Räume wie Meditations- und Schlafzimmer geeignet.

Symbolik
Der Lotos steht für Reinheit und Inspiration. Er symbolisiert die beiden Welten: den Schlamm und das Dunkle, in dem er wurzelt und aus dem er emporwächst, sowie das Licht und die Schönheit, in der sich die Blüte entfaltet.
Durch die gleichmäßige Form der zartgelben Blüte kann das Wasser zu allen Seiten hin überfließen und sich in alle Himmelsrichtungen verteilen. Dies ist ein Symbol für Überfluss und Reichtum.

Harmoniert mit den Geburtsjahreselementen
Wasser, Holz, Erde, Metall.

Keramikbrunnen mit Fischsymbolen

Ein kleiner pflegeleichter Brunnen, der platzsparend aufgestellt werden kann. Er ist als Duftbrunnen gut geeignet.

Wasser
Sanfte Wasserenergie, der Brunnen läuft praktisch geräuschlos.

Standort
Aktivitäten- und Ruheräume, auch in der Nähe des Schreibtisches.

Symbolik
Im Chinesischen besagt das Fischsymbol: Es ist immer genug vorhanden.

Harmoniert mit den Geburtsjahreselementen
Wasser, Holz, Erde.

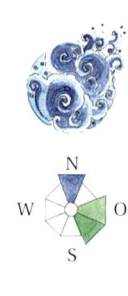

Variation
Stellen Sie den Brunnenkopf in ein größeres Gefäß und fügen Sie Dekosteine und Muscheln hinzu. Auch eine kleine Nixe passt zur Meeresstimmung.

Brunnen
mit Spiralensymbol

Die durch die Farbe Blau
verstärkte Wasserenergie
wird bei diesem Brunnen
mittels der Spirale weiter im
Raum verteilt als bei einem
glatten Brunnenkopf.
Der Brunnen ist pflegeleicht
und als Duftbrunnen geeignet.

Standort
Aktivitätenräume, Meditationsraum.
Sehr praktisch für Arbeitsräume.

Symbolik
Die Spiralform hat eine belebende
Wirkung. Sie symbolisiert auch Wachs-
tum und Veränderung.

Wasser
Der Brunnen läuft praktisch
geräuschlos. Die Brunnenschale
sollte immer knapp bis zum Rand
gefüllt sein, um Wohlstand
anzuzeigen

Harmoniert mit den
Geburtsjahreselementen
Holz, Wasser, Erde.

Variation
Setzen Sie den kompletten Brunnen
in eine größere bepflanzte Schale
(siehe auch Brunnenbauanleitung
S. 110).

Bagua-Brunnen I

Ein bunter Brunnen, bei dem der Dekorationswert im Vordergrund steht. Bei diesem Beispiel wurden gemäß der den acht Himmelsrichtungen (Haupt- und Nebenhimmelsrichtungen) zugeordneten Farben bunte Halbedelsteine auf eine Gitterplatte gelegt (siehe auch Bauanleitung für Quellsteinbrunnen auf S. 112.).

Wasser

Interessant ist die Düse, aus der acht Wasserstrahlen austreten und alle Himmelsrichtungen versorgen. Sie können zur Feinabstimmung mit Hilfe eines Kompasses den Brunnen genau nach den Himmelsrichtungen ausrichten. Das Plätschern und Rauschen wirkt sehr anregend und erfrischend. Ein hoher Wasserstand in der Schale erzeugt ein etwas sanfteres Wassergeräusch. Dieser Brunnen ist schwieriger zu pflegen, da für eine gründliche Reinigung alle Steine entfernt werden müssen.

Standort

Sehr schön wirkt dieser Brunnen in der Raummitte. Wegen des lauten Wassergeräuschs ist er nur für Aktivitätenräume geeignet.

Harmoniert mit den Geburtsjahreselementen

Metall, Wasser, Holz, Erde.

Variation

Anstelle der Halbedelsteine können Sie auch preiswertere bunte Glassteine verwenden.

Bagua-Brunnen II

Ein Brunnenentwurf mit spezieller
Feng-Shui-Symbolik. Lassen Sie sich
die Platten aus Stein zuschneiden oder
in Keramik anfertigen. (Die Bauweise
entspricht der des Quellsteinbrunnens
auf S. 112.)

Symbolik (Brunnen I und II)
Die Form ist dem Bagua (dem Acht-
eck) im Feng Shui nachempfunden,
in welcher die acht Trigramme (die
Grundsymbole des I-Ging) angeordnet
werden. Die Bedeutung des Baguas
ist sehr vielschichtig – so werden den
acht Trigrammen Naturphänomene,
Familienmitglieder und vieles mehr
zugeordnet.

Wasser
Der Brunnen läuft praktisch geräusch-
los. Das Wasser strömt über fünf
übereinander liegende achteckige
Platten und verteilt sich in alle
Himmelsrichtungen.

Standort
Aktivitätenräume, Meditationsraum.
Ein schöner Blickfang in der Mitte
des Raumes.

Harmoniert mit den Geburtsjahreselementen
Metall, Wasser, Erde, Holz.

Variation
Gestalten Sie die Brunnenplatten
farbig nach den Himmelsrichtungen
und den zugeordneten Elementen
(siehe Kompassscheibe) und richten
Sie ihn mit Hilfe eines Kompasses
genau nach den Himmels-
richtungen aus.

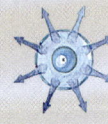

Alabasterbrunnen

••••••••••••••••••••••••••••••••••••

Dieser elegante, sanft wirkende Brunnen zaubert eine belebende und einladende Atmosphäre.

Wasser

Die Lebendigkeit des Wassers zeigt sich in einer feinen Wellenbewegung, die durch das beleuchtete Alabastergestein gut zu erkennen ist. Die Sprudeldüse sorgt für ein belebendes Wassergeräusch. Die Wasserenergie steigt zuerst nach oben auf, bevor sie sich zu allen Seiten verteilt.

Standort

Die Säule ist von innen beleuchtet und verbreitet stimmungsvolles Licht. Damit kommt sie auch in dunkleren Bereichen sehr gut zur Geltung. Die feinen Adern im Alabastergestein sind sehr gut zu sehen und haben je nach Färbung ein antikes Flair. Ein sehr schönes Objekt für den Eingangsbereich, für große Wohnräume sowie für Praxisräume.

Symbolik

Die Schale zeigt aus der Nähe das große Fassungsvermögen (ca. 18 Liter). Die Fülle des Wassers symbolisiert Wohlstand. Aufgrund der neutralen Form und Farbe kann der Brunnen beliebig eingesetzt und dekoriert werden.

Harmoniert mit den Geburtsjahreselementen

Wasser, Holz, Erde, Metall.

Säulenbrunnen mit Delphin

Die hohe Keramiksäule bietet eine große Oberfläche für das herabfließende Wasser und fördert die Raumbefeuchtung.

Wasser
Die Wasserenergie wird durch die glatte Oberfläche sanft verteilt. Die Pumpe kann beliebig eingestellt werden, so dass praktisch überhaupt kein Geräusch oder aber ein kräftiges Plätschern ertönen kann.

Standort
Eingangsbereich, große Wohnräume, Praxisräume. Die Säule kann vor nach innen und nach außen gerichtete Ecken gestellt werden, um diese zu »entschärfen«.

Symbolik
Der Delphin steht für Lebendigkeit, Intelligenz und Partnerschaft. Der Auffangtopf sollte immer reichlich gefüllt sein – als Symbol für Wohlstand.

Harmoniert mit den Geburtsjahreselementen
Holz, Wasser, Erde.

Röhrenbrunnen

Ein edler Brunnen mit Rohren aus Edelstahl. Er benötigt im Verhältnis zur großen Wasseroberfläche wenig Platz und eignet sich gut für größere Räume.

Wasser
Durch die große Oberfläche, an der das Wasser herabrinnt, wird die Luft hervorragend belebt und gereinigt. Da die Röhren glatt sind, ist die Wasserenergie sehr sanft. Es ist ein erfrischendes, leises Rauschen hörbar. Bei diesem Brunnentyp ist die Pumpe außerhalb des Wassers im Sockel montiert.

Standort
Eingangsbereich, große Wohnräume, Praxisräume.

Symbolik
Die Zahl Fünf steht für die fünf Elemente. Abstrakt betrachtet kann man in den Säulen auch Figuren oder Menschen erahnen und symbolisch als Partner oder hilfreiche Menschen betrachten.

Harmoniert mit den Geburtsjahreselementen
Metall, Wasser, Erde.

Speierbrunnen mit Fischen

Sehr schön gearbeitete Gestaltungselemente, die für sich allein wirken
oder auch mit einem Wasserfall-
oder Landschaftsbrunnen
kombiniert werden können.

Wasser

Durch die Speier entsteht ein kräftiges, sehr anregendes Wasserplätschern. (Den Brunnenaufbau sehen
Sie unter Figurenbrunnen auf S. 111.)
Verwenden Sie unbedingt entkalktes
Wasser, damit die Speierdüsen nicht
verstopfen.

Symbolik

Der Fisch ist im Chinesischen ein
klassisches Wohlstandssymbol.
Je mehr Fische vorhanden sind, desto
besser. Schaffen Sie sich auf diese
Weise Ihren eigenen »Fischteich« und
stellen Sie mehrere Fischfiguren in
ein großes Brunnenbecken.

Standort

Ein Brunnen für eine Nische im Gang
oder eine Ecke im Wintergarten.
Achtung: Da das Wassergeräusch sehr
anregend ist und unter Umständen
sogar störend wirken kann, sind die
Speier in unmittelbarer Nähe eines
Arbeitsplatzes oder eines ruhigen
Bereichs nicht empfehlenswert.

Harmoniert mit den Geburtsjahreselementen

Metall, Wasser, Erde.

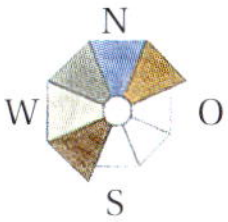

Göttinnenbrunnen

. . . .

Ein anregendes Beispiel für einen
selbst gebauten Figurenbrunnen
mit weiblicher Ausstrahlungskraft.

Wasser
Sanfte Energie geht von den beiden
Wasserglocken aus. Je nach Wasserstand entsteht ein leises oder
kräftiges Plätschern.

Standort
Eingangsbereich, aber auch für ruhigere Räume, z. B. Meditationsraum.

Symbolik
Hier ist es die chinesische Göttin
für Heilung und Mitgefühl, *Kuan Yin*,
die im Mittelpunkt steht. Sie kann
mit der Mutter Gottes des westlichen
Kulturkreises verglichen werden.
Der Lotus aus Kristallglas, der von
einer Unterwasserlampe beleuchtet
ist, symbolisiert Reinheit und Inspiration. Die Wasserglockenform gilt
als Schutzsymbol.

Harmoniert mit den Geburtsjahreselementen
Wasser, Holz, Erde, Metall.

Variationen
Stellen Sie andere Figuren auf, die
für Sie Schutz oder Inspiration
bedeuten.
»Verwöhnen« Sie Ihre Figur mit
einem Blumenstrauß, den Sie
daneben stellen. Zu Kuan Yin
passen beispielsweise Lilien oder
Rosen sehr gut.
Legen Sie zusätzlich Muscheln
und Schnecken in die Schale; sie
symbolisieren die Weiblichkeit.

Wasser

Die kleine Fontäne verbreitet eine sanfte Wasserenergie. Schaffen Sie Abwechslung durch Düsenaufsätze für die Wasserglocke oder die 8-Strahlen. Der Pumpentopf kann offen stehen oder mit einem Deckel geschlossen und mit bunten Steinen belegt werden.

Standort

Je nach Wassergeräusch ist dieser Brunnen für Aktivitäten- oder auch Ruheräume geeignet.

Variationen

Bauen Sie gemäß der »Vier Tiere« Ihre Landschaft mit den Lieblingsfiguren Ihrer Wahl. Oder stellen Sie ein Modell Ihres Traumhauses zwischen den großen »Schildkrötenfelsen« und das Pumpenbecken.

Elfenbrunnen

Ein selbst gebauter, dekorativer Brunnen mit tanzendem Wasser und lustigen Elfenfiguren (siehe Bauanleitung S. 110).

Symbolik

Die Steine und Pflanzen sind so angeordnet, dass sie eine Feng-Shui-Landschaft im Miniaturformat darstellen (siehe nächste Seite). Es entsteht ein schützendes Hufeisensymbol. Der große Stein in der Mitte bietet »Rückendeckung« und Unterstützung.

Elfen können sowohl die unsichtbaren kleinen Helfer als auch ungeborene Seelen symbolisieren und sind somit geeignet, nach den Acht Lebenszielen (S. 65) einen Kinderwunsch zu aktivieren.

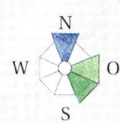

Harmoniert mit den Geburtsjahreselementen

Holz, Wasser, Erde.

Grotten- und Landschaftsbrunnen

Es gibt sehr schöne Brunnen, die der asiatischen Absicht folgen, eine Landschaft im Minaturformat genau abzubilden. Bei großen Brunnen können Sie neben felsenähnlichen Steinen echte oder künstliche Bonsaibäume und Keramikfiguren aufstellen, um die Landschaft lebendig werden zu lassen.

Wasser
Hier steht der dekorative Zweck im Vordergrund. Wenn Sie echte Pflanzen zwischen die Steine setzen, achten Sie darauf, dass das Wasser nicht durch herabfallende Erde verschmutzt wird. Ein solcher Grotten- oder Landschaftsbrunnen ist nicht ganz einfach zu reinigen. Der Stein sollte eine glatte Oberfläche haben, damit sich weniger Kalk und Algen festsetzen können.

Standort
Eine Miniaturlandschaft schafft mehr »Weitblick« und eignet sich für den Eingangsbereich. Wenn dieser Bereich sehr klein und eng ist, bietet sie eine optische Erweiterung. Auch gut für Aktivitätenräume oder den Meditationsraum, wenn das Wassergeräusch nicht als störend empfunden wird.

Symbolik
Eine Grotte lädt zum Träumen ein, zum Erforschen oder zum Rückzug. Ein Landschaftsbrunnen in den richtigen Proportionen lässt uns eine tatsächliche Landschaft sehen. Je nach Gesteinsformation symbolisiert der Brunnen Stabilität.

Harmoniert mit den Geburtsjahreselementen
Wasser, Erde, Metall, Holz.

Variationen
Bauen Sie einen kleinen Wasserfall der anregend plätschert, oder verwenden Sie eine kleine Fontäne, die den Wasserbereich vor der Berglandschaft belebt.Reizvoll sind auch kleine Höhlen, die mit einer Lampe oder einem Nebler versehen zu einer mystischen Grotte werden.

Wasserfall-Brunnen

Wasser

Wenn Sie eine Schwalldüse (siehe S. 83) verwenden, ist die Wasserenergie sehr kräftig. Je nach Wasseraustritt und Anordnung der Steine entsteht ein anregendes Plätschern oder ein sehr sanftes Wassergeräusch.

Standort

Für Aktivitätenräume. Richten Sie den Wasserstrahl zur Raummitte oder in Richtung des Bereiches aus, den Sie mit der Wasserenergie beleben möchten.

Miniaturlandschaft, bei der das Wasser im Vordergrund steht (siehe Bauanleitung auf S. 109). Dieser Brunnen ist nicht ganz pflegeleicht: Die Steine und Pflanzen müssen zur gründlichen Reinigung abgebaut werden.

Symbolik

Ein Mini-Wasserfall steht für Leben und Energiefluss. Überlegen Sie, welchen Bereich Sie stärker beleben möchten.

Harmoniert mit den Geburtsjahreselementen

Erde, Wasser, Holz. Auch für das Metallelement geeignet, wenn weniger oder keine Pflanzen verwendet werden.

Variationen

Experimentieren Sie: In eine größere Schale passen auch zwei Pumpen – so kann ein doppelter Wasserfall entstehen.

Bepflanzter Brunnen I

Ein verspieltes Arrangement in einer kleinen bepflanzten Brunnenschale. Vor den Pflanzen befindet sich ein separater Topf oder eine Schale mit der Pumpe (siehe auch Selbstbau auf S. 110).

Symbolik
Die Pflanzen werden durch das Wasserelement genährt und gedeihen. Stellen Sie diesen Brunnen nach den Acht Lebenszielen in einen Bereich, in dem Sie persönliches Wachstum wünschen und dekorieren Sie nach Ihren Vorlieben mit Figuren und Steinen.

Harmoniert mit den Geburtsjahreselementen
Holz, Wasser

Wasser
Die Pumpe steht in einem offenen Pumpentopf (siehe S. 110), der von innen beleuchtete Pumpenstutzen ragt heraus. Es entsteht ein kräftiges Wassergeräusch.

Standort
Aktivitätenräume, Meditationsraum – je nach Wassergeräusch der verwendeten Wasserdüse.

Variation
Probieren Sie verschiedene Sprühköpfe aus. Ein Fontänenstern, eine Wasserglocke oder die 8-Strahlen-Düse sehen auch sehr schön aus.

Bepflanzter Brunnen II

Ein vielfältiges Arrangement für einen größeren bepflanzten Brunnen. Die außerhalb des Wassers im Sockel eingebaute Pumpe ist ein besonderes Merkmal und bietet eine größere elektrische Sicherheit.

Wasser

Die sternförmige Düse versprüht das Wasser so fein, dass bei diesem Brunnentyp der Ionisierungseffekt und damit die Reinigung der Raumluft am stärksten ist (siehe Ionisierung der Luft, S. 57). Da sich bei diesem Brunnentyp die Pumpe nicht unmittelbar im Wasser befindet, ist er bei Betrieb mit gefiltertem Wasser sehr pflegeleicht.

Symbolik

Die reiche Bepflanzung in Verbindung mit der feinen Wasserenergie kann als Symbol für persönliches Wachstum gesehen werden. Wählen Sie die Farbe der Brunnenschale und Ihre Accessoires je nach Standort aus. Die Brunnenschale kann auch separat aufgestellt werden. Bei der größeren Schalenform ist in der Mitte der Fontänendüse noch genügend Platz, um eine kleine Figur hineinzustellen, die im feinen Wassernebel »badet«.

Standort

Aktivitätenräume, aber auch für Räume zur Entspannung und Meditation.

Harmoniert mit den Geburtsjahreselementen
– je nach Farbe der Brunnenschale mit allen Elementen außer Feuer.

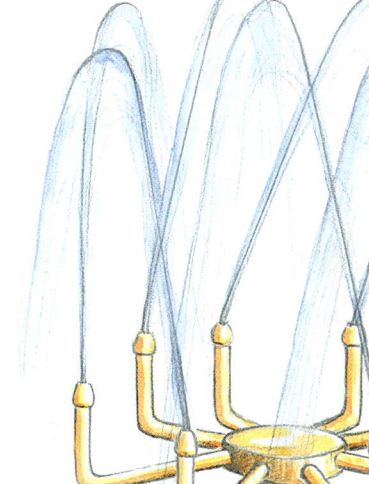

Bunter Keramikbrunnen

Durch die farbenfrohe Gestaltung ist dieser Brunnen ein hübscher Blickfang. Auf dem Brunnenkopf sitzt ein schmunzelndes Froschpaar. Besonders gelungen ist die Kabelabdeckung in Blattform, die sich über den Beckenrand wölbt.

Wasser
Die ausladende Schale verringert die Spritzgefahr, daher kann die Pumpe auch etwas stärker eingestellt werden, damit das Wasser kräftiger strömt und sich zu allen Seiten hin verteilt.

Standort
Aktivitätenräume und Ruheräume, je nach Pumpeneinstellung.

Symbolik
Diesen Brunnen gibt es mit unterschiedlichen Tierfiguren wie Fröschen, Vögeln, Drachen usw. Er kann für Partnerschaft, Freunde oder Familie stehen.

Harmoniert mit den Geburtsjahreselementen
Wasser, Holz, Erde, Metall.

Variation
Verschiedenfarbige schwimmende Keramikkugeln lassen die Wasseroberfläche noch lebendiger werden.

Partnerschaftsbrunnen

Wasser
Unterschiedliche Sprühköpfe verteilen sanft die Wasserenergie.

Standort
Aktivitäten- oder Ruheräume, je nach
Wassergeräusch der verwendeten
Wasserdüse.

Symbolik
Diese Skulptur steht für Harmonie
und Partnerschaft; das bis zum Rand
gefüllte Becken symbolisiert Fülle
und Fruchtbarkeit. Die Trommelsteine aus Bergkristall verstärken die
Wirkung (siehe S. 87).

*Harmoniert mit den
Geburtsjahreselementen*
Wasser, Metall, Holz, Erde.

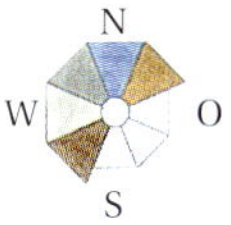

Durch die goldfarbene Skulptur –
ein Einzelstück – wirkt dieser selbst
gebaute Brunnen sehr edel (siehe
auch S. 111).

Variationen
Probieren Sie verschiedene Sprüh-
köpfe aus. Ein Fontänenstern, eine
Wasserglocke oder die 8-Strahlen
wirken auch sehr schön. Finden Sie
Ihre persönliche Figur, die für Sie
Partnerschaft repräsentiert.

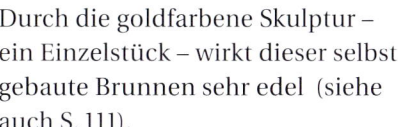

Terrakottabrunnen

Dieser bepflanzbare Terrakotta-
brunnen wirkt rustikal und weckt
Mittelmeer-Impressionen.

Standort
Ein schöner Eckenfüller, der auch für
ruhigere Räume geeignet ist.

Symbolik
Etwas Wohlstand wird immer
gehalten – die Schalen fließen zwar
über, sie halten aber immer etwas
Wasser und damit Geld zurück.

**Harmoniert mit den
Geburtsjahreselementen**
Erde, Wasser, Holz.

Variation
Von der Wasserenergie her ähnlich
wirken Brunnen, die wie ein
Schneckenhaus gestaltet sind:
Das Wasser fließt ebenfalls in einer
Spirale ab. Die Seite, auf der das
Wasser in das Auffangbecken fließt,
sollte zur Raummitte zeigen.

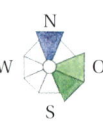

Wasser
Sanftes Wassergeräusch. Das Wasser
tritt oben an der Säule aus und fließt
über die kleinen Auffangschalen
spiralförmig nach unten. Die letzte
Auffangschale sollte zur Raummitte
zeigen, um die Wasserenergie
dorthin zu lenken.

Wandbrunnen mit Delphinen

Ein prächtiger Brunnen im römischen
Stil mit sanfter Feng-Shui-Wirkung.
Diese aufwendige Konstruktion lassen
Sie am besten von einem Fachmann
installieren. Achten Sie auf ein
sauberes Auffangbecken, kräftige
Wasserstrahlen und klares Wasser.

Wasser
Durch mehrere Speierdüsen ensteht
ein kräftiges, anregendes Wasser-
plätschern. Verwenden Sie entkalktes
Wasser, um ein Verstopfen der
Düsen zu verhindern.

Standort
Der schönste Platz für diesen Wandbrunnen ist sicherlich in einem
großen Foyer, Wohnraum oder im
Wintergarten.

Symbolik
Delphine versinnbildlichen Klugheit,
Kommunikation, Fürsorglichkeit und
eine liebevolle Umgangsweise mit
den anderen. Ein Delphinpaar ist ein
schönes Symbol für Partnerschaft.

Harmoniert mit den Geburtsjahreselementen
Metall, Wasser, Erde.

Wasserwand

Mit einer großen Oberfläche ist diese Wasserwand ein sehr effektiver Luftbefeuchter und ein neutrales Objekt mit vielen Einsatzmöglichkeiten.

Wasser
Das Wasser fließt großflächig und praktisch geräuschlos über eine Wand aus Keramik mit aufgerauter Oberfläche. Die Wasserenergie verteilt sich vorwiegend nach vorne.

Standort
Die Wasserwand eignet sich gut für Eingangsbereiche und größere Räume.

Symbolik
Die blaue Farbe verstärkt das Wasserelement.

Harmoniert mit den Geburtsjahreselementen
Holz, Wasser, Erde.

Wasser bietet ein weites Spektrum von Klangräumen

Sprudelndes Wasser steht für Lebenskraft. Stimmen Sie sich ein – welches Wassergeräusch gefällt Ihnen am besten? Welches Geräusch empfinden Sie als belebend, welches als entspannend, welches als nährend?

plätschern rieseln murmeln glucksen

brausen rauschen sprudeln

blubbern zischen tosen tröpfeln gurgeln

Spüren Sie in diese Worte hinein, um herauszufinden, wie »Ihr« Wasser klingen soll. Sicherlich wird es keinen tosenden Zimmerbrunnen geben, wichtig ist aber, welche Assoziation Sie bei dem Wassergeräusch haben. Wirkt es belebend, erfrischend; oder ist es ein Tröpfeln oder Plätschern, das die Blase anregt und zu häufigen Toilettengängen zwingt?
Das Wassergeräusch eines Brunnens sollte Wohlbehagen und Entspannung erzeugen.

Besonderheiten

Hinweise zu Quellsteinen und Quellsteinbrunnen

Unter Quellsteinen versteht man Natursteine oder künstliche Steine, die mit einer oder mehreren Bohrungen versehen sind, aus der das Wasser austreten kann. Brunnen mit Quellsteinen sind sehr verbreitet. Häufig findet man die Steine in Kombination mit einer bepflanzten Schale. Wenn Sie einen solchen Brunnen oder einen einzelnen Stein kaufen möchten, betrachten Sie den Stein sehr genau und achten Sie darauf, wie er sich anfühlt. Er sollte auf Sie einen positiven Eindruck machen. Bergkristall und Quarzeinschlüsse wirken zudem als Verstärker und verbreiten die Wirkung des Quellsteins noch weiter in den Raum hinein.

Beachten Sie als Erstes die Form. Günstig sind beispielsweise Steine aus einem Bach- oder Flussbett. Sie waren der Wasserenergie lange Zeit ausgesetzt; scharfe Kanten sind bereits abgeschliffen.
Häufig werden die Steine aus einem großen Felsstück herausgeschlagen oder -gebrochen und weisen scharfe Ecken und Kanten auf, die auf Grund der gespeicherten Wasserenergie verstärkt angreifen. Auch die Bohrung kann schlecht oder an der falschen Stelle gemacht worden sein: Der Stein wirkt dann verletzt und unharmonisch. Vermeiden Sie Steine mit

Mehrfachbohrungen, sie können den Eindruck vermitteln, als würde der Stein bluten.
Ein Quellstein sollte keine größeren Risse und Sprünge aufweisen oder gar gespalten sein, da er ansonsten eine Trennung symbolisiert.

Dieser Stein ist auf der rechten Seite verletzt, zudem weist er scharfe Kanten auf

Die Schwingung des Steins hängt von der Gesteinsart und der Form ab. Wenn Sie beispielsweise einen Rosenquarz als Quellstein verwenden, verbreitet Ihr Brunnen eine sanfte, liebevolle Herzqualität – vorausgesetzt, dass der Stein harmonisch geformt ist. Weitere Hinweise zu Bergkristall und Rosenquarz finden Sie auf S. 88 und 92 sowie in Büchern zum Thema Edel- und Heilsteine.

Wenn Sie sich selber Steine in der Natur suchen, denken Sie daran, dass sie die Energie des Ortes in sich

Harmonisch geformter Quellstein

Ein Quellstein mit rauer Oberfläche verteilt durch die entstehende Reibung die Wasserenergie stärker als glatter Stein und zieht mehr Qi an. Polierte Steine oder Trommelsteine sind als Quellsteine nicht empfehlenswert, da die Wasserreibung sehr gering ist.

Wählen Sie Steine in hellen Farben. Wenn Sie Steine separat kaufen, befeuchten Sie den Stein, um zu sehen, wie seine Farbe im Wasser wirkt. Vermeiden Sie zu dunkle oder schwarze Steine: Sie wirken bedrückend. Falls Sie doch einen dunkelblauen Stein, z.B. einen Sodalith, haben möchten, sollte der Brunnen gut beleuchtet werden.

Sie können auch kleinere Steine wie Marmorkies oder getrommelte Halbedelsteine zur Dekoration oder zum Auffüllen des Brunnenbeckens verwenden (siehe Hinweise auf S. 87).

tragen. Wählen Sie daher am besten Steine aus, die Sie an einem schönen Platz finden, mit dem Sie angenehme Ereignisse verbinden, und behandeln Sie sie mit Respekt. Bitte nehmen Sie keine Steine von ehemaligen Kult- oder Ritualplätzen mit nach Hause: Die Wasserenergie würde diese Informationen weiter verstärken und in Ihren Räumen verteilen. Quellsteine aus Kunststein sind grundsätzlich empfehlenswert, da sie im Vergleich zu echten Steinen keine speziellen Orts- und Bearbeitungsenergien gespeichert haben. Achten Sie jedoch immer auf gerundete harmonische Formen.

Bevor Sie Ihren Quellstein einsetzen, ist es günstig, ihn einige Tage lang in Wasser zu legen, um negative Energien herauszuziehen.

Kunststein mit Schneckensymbol

Brunnen mit rotierender Kugel

Dieser Brunnentyp ist immer noch in Mode. Die Kugel sollte aus einem harten Gestein, z. B. Granit, bestehen. Marmorkugeln sind nicht empfehlenswert, denn sie schleifen sich im Laufe der Zeit ab und laufen ungleichmäßig. Sehr schön sind Kugeln aus Halbedelsteinen, z. B. Bergkristall, anzusehen, besonders wenn sie transparent und von unten beleuchtet sind.

Bergkristallkugel in einer Amethystdruse

Auf dem Wasser rotierende Kugeln regen durch ihre Bewegung die Energie im Raum an. Wenn Ihnen dieses Gestaltungselement zusagt, wählen Sie einen Brunnen mit einer möglichst langsam drehenden Kugel und achten Sie darauf, dass reichlich Wasser fließt und im Auffangbecken sichtbar ist, ansonsten ist die Feng-Shui-Wirkung trotz Bewegung sehr gering. Durch die Drehbewegung wird die Qi-Energie vorwiegend in eine Richtung bewegt. Achten Sie darauf, dass sich die Kugel in den Raum hineindreht. So können Sie vermeiden, dass die Qi-Energie verloren geht, weil sie zum Fenster oder zur Tür hinausgelenkt wird. Bei vielen Brunnen dreht sich die Kugel sehr schnell und transportiert eine unruhige, teilweise sogar aggressive Energie in den Raum hinein. Stellen Sie einen solchen Brunnen nicht dort auf, wo Sie arbeiten und sich konzentrieren müssen, da die rasche Kugelbewegung ablenkt und nervös macht.

Die Kugel transportiert die Wasserenergie verstärkt in eine Richtung

46

Brunnen mit Speiern

Tierfiguren wie Enten, Frösche oder Fische haben einen engen Bezug zum Wasserelement und werden gerne als Speier eingesetzt. Der austretende Wasserstrahl sollte kräftig sein, denn er zeigt an, dass Wohlstand fließt. Dünne Rinnsale sind unbedingt zu vermeiden, da sie Armut symbolisieren. Gerade im westlichen Kulturkreis findet man sehr schöne Speier – beispielsweise in den römischen Brunnenanlagen oder Schlossgärten mit ihren üppigen, romantischen Figurenbrunnen. Wenn Sie sich für einen Brunnen mit Speier interessieren, beachten Sie, dass der auftreffende Wasserstrahl ein sehr lautes, belebendes Geräusch erzeugt. Als Standort sollte daher vorzugsweise der Eingangsbereich oder ein Bereich gewählt werden, an dem man sich nicht lange aufhält oder konzentriert arbeiten muss. Auch ein Wintergarten profitiert von einem solchen Blickfang.
Brunnen mit Speierfiguren sind eher für Privaträume zu empfehlen – für Geschäfte und Firmengebäude empfehlen sich größere Brunnen mit großer Oberfläche und Auffangbecken.

Düster wirkende Speiermasken sollten vermieden werden, da sie eine unfreundliche Stimmung verbreiten. Speier, die einen menschlichen Kopf darstellen, sind nach Feng Shui ungünstig, da es aussieht, als würde der Mensch etwas erbrechen. Nach der gleichen Betrachtungsweise sind auch Darstellungen wie die des »Männeken Piss« unpassend, weil das aus menschlichen Figuren austretende Wasser als Ausscheidung betrachtet wird.

Diese Speiermaske wirkt bedrückend

Beispiele für weitere Wasserobjekte

Nebler

Unter dem Aspekt des Feng Shui zeigen Nebler eine geringere Wirkung als fließendes Wasser. Sie haben jedoch einen hohen Dekorationswert und zaubern eine mystische Atmosphäre. Wenn Sie frische Blüten lieben: In der Nähe des Neblers halten sie länger. Die flache Schale hält etwas Reichtum. Gönnen Sie sich ein bisschen Luxus und geben Sie Rosenwasser hinzu.

Schnelle Schwingungen im Ultraschallbereich zerstäuben im Neblergerät das Wasser zu feinstem Wasserdampf, der die Raumluft besonders gut befeuchtet und nach Feststellungen von Ärzten auch für Asthmatiker wohltuend ist. In diesem Zusammenhang *besonders wichtig:* Das Wasser in der Neblerschale muss sauber sein.

Neblerschale mit Bergkristall

Miniaturlandschaft mit Nebler

Die Neblerschale sollte am besten in der Nähe des Sitz- oder Arbeitsplatzes aufgestellt werden. Der Nebel ist sehr fein und beeinträchtigt meiner Erfahrung nach Papiere oder elektrische Geräte nicht, wenn sie ihm nicht unmittelbar ausgesetzt sind. Die Beleuchtung bringt die transparente Struktur der Schale gut zur Geltung. Der oben aufgelegte Bergkristall energetisiert den entstehenden Nebel zusätzlich. Beachten Sie: Die Membran, über die die Schwingungen auf das Wasser übertragen werden, reagiert sehr empfindlich, z.B. auf Reinigungsmittel und heißes Wasser. Reinigen Sie die Zerstäubereinheit vorsichtig, um die Membran nicht zu verletzen. Wenn der für die Zerstäubung notwendige Wasserstand nicht mehr vorhanden ist, bildet sich automatisch kein Nebel mehr. Eine Wasserschale mit Nebler kann auch für die Aktivierung der

Acht Lebensziele in allen Himmelsrichtungen verwendet werden –
durch die Bewegung des Wasser-
staubs und die Beleuchtung wird der
gewünschte Bereich belebt.
Die jeweilige Elementqualität des
Bereiches kann durch farbiges Licht
in der Zerstäubereinheit noch unter-
strichen werden. Um Wohlstand zu
fördern, ist jedoch ein Brunnen das
kraftvollere Mittel.

Sprudelsäulen

Nach Feng-Shui-Kriterien gilt das
Wasser (und damit der Wohlstand) in
Sprudelsäulen als eingeschlossen,
weil sie zum Schutz vor eindringen-
dem Staub oder Schmutz oben
abgedeckt sind.
Dadurch findet weder eine Reibung
noch eine andere Wasserbewegung

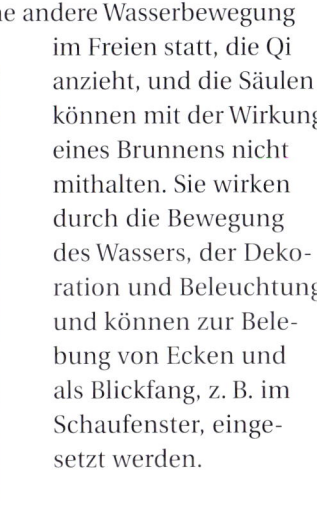

im Freien statt, die Qi
anzieht, und die Säulen
können mit der Wirkung
eines Brunnens nicht
mithalten. Sie wirken
durch die Bewegung
des Wassers, der Deko-
ration und Beleuchtung
und können zur Bele-
bung von Ecken und
als Blickfang, z. B. im
Schaufenster, einge-
setzt werden.

Sprudelsäule
mit Fischfiguren
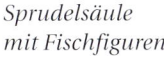

Wasserschalen mit frischen Blüten

Diese Art von stillem Wasser können
Sie überall im Raum einsetzen, wenn
Sie eine beruhigende Wirkung wünschen. Das Wasser sollte täglich
gewechselt und die Blüten ersetzt
werden, sobald sie zu welken
beginnen.
Schalen, die mit frischen Blüten ver-
ziert sind, wurden bereits im alten
China in den Räumen aufgestellt, um
die Energie zu verbessern. Innerhalb
der ersten Tage nach dem Schnitt
ziehen die Blüten reichlich Qi-
Energie an, insbesondere wenn sie
verschiedenfarbig sind.

Wenn einige Tropfen Wasserstoffperoxid (H_2O_2, 3%ig) hinzugefügt
werden, bindet das Wasser mehr Sauerstoff und die Blüten halten länger.
Altes und schaliges Wasser mit ver-
welkten Blüten schafft ganz schnell
eine schlechte Energie. Auf Sauber-
keit ist also unbedingt zu achten,
damit kein negatives Qi entsteht. Sie
können Schalen aus verschiedenen
Materialien verwenden und zusätzlich einen Bergkristall hineinlegen,
der die harmonische Energie noch
verstärkt und verteilt.

Tauchen wir ein in die verschiedenen Facetten, die uns das Wasser zeigt:

Wasser zeigt uns die Transformation

Wasser ist ein veränderliches Element. Beim Fließen passt es sich jeder beliebigen Form an, die es überquert. Wenn wir unser Bewusstsein dem Fließen des Wassers sanft öffnen, erleben wir, dass Wasser Kraft hat und der Fluss und die Veränderung genau das sind, was uns lebendig und »schöpferisch« macht. Ohne offensichtliche Gewalt auszuüben schleift das Wasser alles, was ihm in den Weg kommt, nach und nach glatt und trägt es ab und davon. So können wir einen Bach oder Flusslauf mit einem Weg oder einer Reise vergleichen. Wir können mentale und emotionale Blockaden auflösen, wenn wir zulassen, dass sich unsere kreative Energie wie Wasser bewegt.

Wasser erinnert uns an unseren Ursprung

Das Wasser macht uns unsere innere Quelle bewusst. Wenn wir dem Wasser lauschen, können wir spüren, ob unsere innere Quelle so fließt, wie wir es uns wünschen, oder ob wir aus dem Gleichgewicht geraten sind.

Wasser wirkt kühlend

An einem heißen Sommertag vermittelt uns einfach nur das Geräusch von fließendem Wasser in einem Brunnen oder einem Wasserfall das Gefühl von Kühle.

Wasser wirkt entspannend und heilend

Ein sanftes Plätschern oder leises Meeresrauschen wirkt praktisch sofort heilend und entspannend. Wassergeräusche können andere, weniger harmonische Geräusche übertönen. Wir können uns in unseren Räumen mit Hilfe eines Zimmerbrunnens einen Kraftplatz oder Herzpunkt schaffen, an dem wir verweilen und unsere Verbindung zur Natur und zu unserem Selbst wieder herstellen können. Ein Brunnen ist eine wunderbare Meditations- und sogar Einschlafhilfe. Wenn wir auf das Wasser lauschen, können wir den Lärm unseres eigenen Geistes beruhigen.

Wasser als Symbol

- Wasser passt sich allen Formen an – es zeigt die Fülle der Möglichkeiten, die der Form und Schöpfung vorausgehen.
- Im Wasser zeigt sich die Einfachheit – es besteht aus zwei Teilen Wasserstoff und einem Teil Sauerstoff.
- Wasser besitzt Transparenz und Tiefe zugleich.
- Wenn sich das Licht im Wasserdampf oder Wasserstaub bricht, entstehen Regenbögen.
- Wasser repräsentiert den Übergang zwischen Feuer und Luft (dem Feinstofflichen) und der Erde (dem Feststofflichen).
- Wenn sich Wasser und Feuer im richtigen Verhältnis verbinden, entsteht Wasserdampf - eine große, treibende Kraft.
- Wasser steht für intuitive Weisheit und Reinigung.
- Wasser – das ist die Stille eines Teiches, die Energie und Zerstörungskraft des Ozeans und der nährende Regen.
- In indischen Paradiesgärten fließen die vier Flüsse des Lebens, welche Milch, Wasser, Wein und Honig führen.
- Pflanzen brauchen Licht und Wasser zum Leben.
- Wasser löscht den Durst und mildert den Hunger.

Überblick

Brunnen können Sie dort aufstellen, wo Sie Lebendigkeit durch Bewegung, Geräusch, Licht und Gestaltung schaffen möchten. Damit wäre dem Feng Shui auf der »ersten Stufe« – der »ersten Hilfe« – gedient, in dem es um das Grundprinzip geht, Qi anzuziehen und einen Bereich zu beleben, damit der Mensch von dieser Umgebung profitieren kann.

Die unbedingte Voraussetzung dafür ist, dass der Brunnen regelmäßig gereinigt wird und an einem sauberen und aufgeräumten Platz steht.

Sie können jedoch noch einen Schritt weiter gehen: Innerhalb einer bestimmten Umgebung, z.B. innerhalb eines Raumes, wirken viele verschiedene Faktoren aufeinander ein.

So besitzt jeder Gegenstand, jeder Platz und jeder Mensch eine eigene Schwingung. Im Rahmen von Feng Shui werden diese genauer untersucht und abgestimmt, um eine noch größere Harmonie entstehen zu lassen.

Das heißt, die Grundregel – ein Brunnen kann dort aufgestellt werden, wo mehr Qi-Energie benötigt wird – kann nach den Erkenntnissen des Feng Shui weitaus stärker modifiziert werden; also nicht mehr »irgendeinen Brunnen« »irgendwo« hinzustellen, sondern ganz bewusst zu platzieren. Die Grundlagen dazu bietet das nächste Kapitel.

Brunnen im Zen-Stil

Kapitel 2 Feng-Shui-
Empfehlungen
für Zimmer-
brunnen

Stellen Sie sich vor Ihrem geistigen Auge eine Wüste vor. Soweit der Blick schweift, gibt es nur Sand. Die Sonne brennt unerbittlich. Sie drehen sich um und entdecken einen großen Kaktus. Wie ein Krieger steht er da und hält den Temperaturen stand. Die Stille ist überwältigend – spüren Sie, wie die Wüste auf Sie wirkt.

Wechseln Sie in Ihrer Vorstellung die Umgebung. Sie befinden sich jetzt auf einer Wiese am Waldesrand. Die Bäume rauschen und schimmern in vielerlei Grüntönen, in der Nähe plätschert ein Bach. Die Luft duftet, und Sie hören das Gezwitscher der Vögel – halten Sie einen Moment inne, um diese Stimmung in sich aufzunehmen.

. . . .

Was Sie eben innerlich erlebt haben, ist Feng Shui – nämlich die Wirkung der Umwelt auf den Menschen.

Die taoistischen Meister in China beobachteten bereits vor 5000 Jahren die Natur- und Umweltbedingungen sehr genau und gaben dieser Wissenschaft den Namen Feng Shui – Wind und Wasser. Mit Hilfe dieses Wissens wurden Plätze und Orte ausgewählt, die Gesundheit und ein langes Leben unterstützten. Kein Wunder, dass Feng Shui deshalb am Kaiserhof geheim gehalten und ausschließlich für Gesundheit und Macht des Herrschers genutzt wurde. Es floss auch in die Kriegsstrategie ein, denn die Umgebung, günstige Zeitpunkte und spezielle Umwelteinflüsse konnten den Ausgang eines Kampfes wesentlich beeinflussen.
Im Laufe der Zeit wurde das Wissen immer weiter verfeinert. Nicht nur die Landschaft wurde auf ihre Wirkung untersucht; auch die Sterne wurden beobachtet und mit Ereignissen auf der Erde in Zusammenhang gebracht. Mit der Erfindung des Kompasses

konnten verschiedene Eigenschaften der Himmelsrichtungen noch genauer auf den Menschen abgestimmt werden. Dadurch entwickelten sich im Feng Shui eine Vielzahl von Untersuchungsmöglichkeiten und Systemen, von denen ich im Rahmen dieses Buches nur einige vorstelle.

Qi und Sauerstoff

. . . .

Im Feng Shui sprechen wir von der kosmischen Lebensenergie, der so genannten »Qi-Energie«. Mit dem Begriff Qi werden feine, technisch noch nicht messbare Teilchen bezeichnet, die durch die Wechselwirkung der kosmischen Kräfte im Universum entstehen. Diese Qi-Partikel dringen in die Erdatmosphäre ein und verteilen sich über die ganze Erde. Auch im Körper der Menschen und anderer Lebewesen strömt diese Kraft. Qi hat eine weibliche Qualität und zieht Sauerstoff an, der eine männliche Qualität besitzt. Ein hoher Gehalt an Qi bedeutet damit

Ein Wasserfallbrunnen in der Ecke (hier in der Wissensecke) verströmt sanfte Energie und zieht Qi an.
Es entweicht weniger Qi über das Fenster.

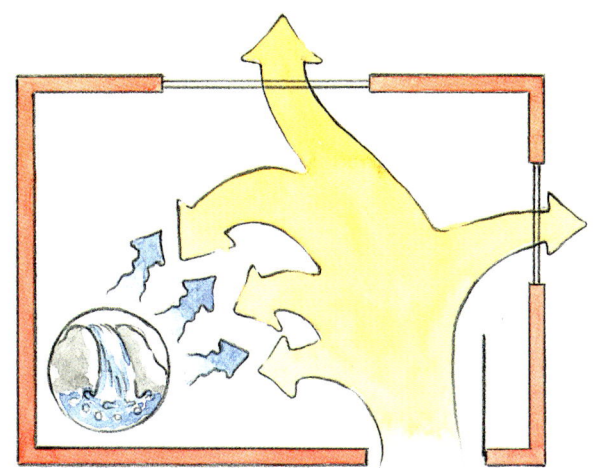

Ein Brunnen mit glatter Oberfläche kann direkt an der Wand oder mitten im Raum stehen, da die Wasserenergie sanft verteilt wird

Steht ein Brunnen mit stark gerillter Oberfläche zu nahe an der Wand, können feine Turbulenzen entstehen.
Dieser Brunnen sollte mit einem Abstand von ca. 0,5 m zur Wand oder mitten im Raum aufgestellt werden, damit sich die Energie besser verteilt.

auch mehr Sauerstoff – mehr kosmische Lebensenergie. Je mehr von dieser positiven Lebensenergie vorhanden ist, desto förderlicher ist eine solche Umgebung für den Menschen. Im Idealfall sollte auch in geschlossenen Räumen frische Luft und Energie wie draußen in einer weitgehend natürlichen Landschaft vorhanden sein. Wände, Dächer und Gebäudestrukturen behindern jedoch den Energiefluss sehr stark. Deshalb werden nach Feng Shui einerseits Hilfsmittel wie Wasser, Pflanzen und Symbole eingesetzt, um mehr Qi anzuziehen, andererseits werden Raumaufteilung und Einrichtung so arrangiert, dass das Qi möglichst lange im Gebäude zirkuliert und die Räume energetisch gut versorgt, bevor es wieder abfließt. Man könnte diesen Vorgang mit der Nahrungsaufnahme, der Verdauung und dem Ausscheiden vergleichen.

Echtes fließendes Wasser ist einer der wichtigsten »Magneten« für Qi und gilt als klassisches Hilfsmittel im Feng Shui, weil es durch die entstehende Reibung die kosmische Lebensenergie verstärkt anzieht. Je rauer die Oberfläche, über die das Wasser fließt, und je kräftiger das Wasser schäumt und sprudelt, desto mehr Reibung entsteht und desto mehr Qi wird angezogen.
Wissenschaftliche Forschungen besagen, in anderen Begriffen, Ähnliches – deshalb ein kurzer Ausflug zum Thema Ionisierung der Luft.

Die Ionisierung der Luft

In der Umgebung von fließendem, sprudelndem und schäumendem Wasser ist die Luft sehr frisch und belebend. Diese »Frische« entsteht, wenn die Luft einen hohen Gehalt negativer Ionen aufweist.

Die Ionisierung der Luft erfolgt spontan, wenn Wasser in Bewegung ist. Eine besonders hohe Ionisierung ist am Strand und in der Nähe von Wasserfällen festzustellen. Wenn Wasser beispielsweise auf Sand oder Steine aufprallt und die feinen Wassertröpfchen zerplatzen, werden negative Ionen freigesetzt. Auch in Bergen und Wäldern ist die Luft sehr sauber und erfrischend, denn Pflanzen geben ebenfalls Negativionen ab. Bei Gewittern werden durch Blitze gewaltige Mengen negativer Ionen freigesetzt. Die stärkste Konzentration finden wir demzufolge draußen in der Natur.

Was ist ein negatives Ion? Vereinfacht gesagt ist ein Ion ein Atom oder Molekül, das eine bestimmte Ladung trägt – es besitzt ein Elektron zu viel oder zu wenig. Negativ geladene Ionen sind die für uns »guten Ionen«: Sie reinigen die Luft, indem sie sich an herumfliegende Staub- und Schmutzpartikel heften, die eine Positivladung haben. Dadurch entsteht ein Ladungsausgleich, die Teilchen sinken zu Boden und können durch

Aufwischen oder Saugen entfernt werden. Über die Atemwege gelangen sowohl positiv als auch negativ geladene Ionen in den Körper.

Negativ geladene Ionen haben vielerlei wohltuende Effekte auf Körper und Geist: Sie fördern die Konzentrationsfähigkeit, die Heilprozesse im Körper, die Fähigkeit zu entspannen sowie einen guten Schlaf.

Bei einem positiv geladenen Ion handelt es sich normalerweise um ein Kohlendioxidmolekül, welches ein Elektron verloren hat. Zu viele positiv geladene Ionen haben eine schwächende Wirkung.

In der Natur finden wir ein Verhältnis von etwa 40 (positive Ionen) : 60 (negative Ionen), d. h., normalerweise ist ein leichter Überschuss an negativ geladenen Ionen vorhanden. Durch die industrielle Produktion und die Umweltverschmutzung ist die natürliche Ionenkonzentration aus dem Gleichgewicht geraten: Je nach Luftqualität kann sich dadurch das Verhältnis von positiv und negativ geladenen Ionen umkehren. Verbrennungsvorgänge – dazu gehört auch das Autofahren – und synthetische Stoffe, wie sie beispielsweise in Baumaterialien und Teppichen, Vorhängen und Möbeln vorhanden sind, erzeugen positive Ionen. Stahlgerüste und -verstrebungen in Gebäuden sowie Zentralheizungen und Klimaanlagen ziehen negativ geladene Ionen ab. Die Luft in modernen Gebäuden enthält viele Gase und Schadstoffe, die zu einer »Vergiftung« mit positiv geladenen Ionen führen können. Betroffene Menschen reagieren mit Gereiztheit, Depressionen, Kopfschmerzen und verminderter Arbeitsleistung auf diese Luft. Schlafstörungen, erhöhte Infektionsgefahr und Atemwegserkrankungen sind ebenfalls mit einer erhöhten positiven Ionenkonzentration und Trockenheit der Luft in Verbindung zu bringen.

Ionisierung der Luft in einem Wohnraum mit hohem positiven Ionengehalt.
Die Luft ist sehr stickig.

In Räumen ohne idealen Luftaustausch (häufiges Lüften, Abluftventilatoren) verlieren die negativen Ionen sehr leicht ihre Polarität, da zu viele positive Ionen vorhanden sind, die »neutralisiert« werden müssen. Ein Zimmerbrunnen bietet eine wirksame Abhilfe: Er erzeugt durch die Wasserreibung vermehrt negative Ionen und schafft damit eine Umgebung, in der sich der Mensch besser erholen und arbeiten kann. Werden dem Brunnenwasser natürliche ätherische Öle zugesetzt, kann die Luft zusätzlich belebt und gereinigt werden (siehe Brunnen und Düfte, S. 93). Insbesondere die Nadelbaumöle und Öle von Zitrusfrüchten enthalten Stoffe, die die Luft stark ionisieren können und eine desinfizierende Wirkung haben. Erinnern Sie sich an Ihren letzten Spaziergang in einem Nadelwald und die würzige Frische der reinen Luft? So riecht und fühlt sich ionisierte Luft an.

Ionisierung der Luft in einem Raum kurz nach Einschalten des Zimmerbrunnens.
Im Bereich des Brunnens beginnen sich negative Ionen zu bilden.

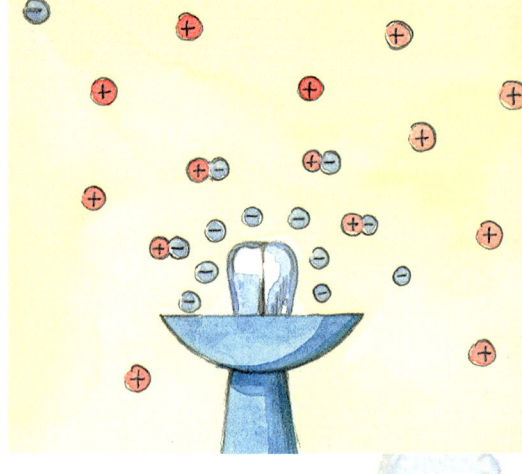

**Ionisierung der Luft in
einem Raum, in dem der Brunnen
mehrere Stunden gelaufen ist.**
*Es haben sich mehr negativ geladene
Ionen gebildet, die an die positiv
geladenen Ionen und Staubteilchen
andocken: Staub- und Schmutzpartikel fallen zu Boden.*

Die Ionisierung der Luft wird mit
einem Ionometer gemessen, der die
Menge negativer und positiver Ionen
pro Kubikzentimeter angibt.

Vor diesem Hintergrund ist es ver-
ständlich: In alten taoistischen Schriften wird den Schülern empfohlen, in
der Nähe eines Wasserfalls oder Bachs
Atemübungen und Meditation zu
praktizieren, um Körper und Geist
besonders zu stärken. In diesem Zusammenhang wird nicht nur auf die
Reinheit der Luft, sondern auch auf
die besonders hohe Energie in der
Luft verwiesen – im Feng Shui spricht
man von einem hohen Qi- und Sauer-
stoffgehalt der Luft.

Die Landschaft der Vier Tiere

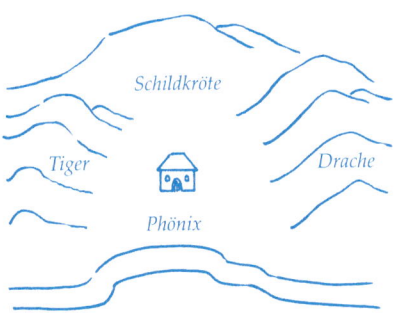

Im Feng Shui gibt es ein Idealbild einer Landschaft, die als Standort für ein Haus geeignet ist. Das Haus sollte danach von folgenden Landschaftsstrukturen umgeben sein: Steht man in der Haustür und blickt nach draußen, so befindet sich auf der linken Seite ein höherer Gebirgszug oder eine Hügelkette (der Drache), auf der Rückseite des Hauses ein schützender, höherer Berg als Rückendeckung (die Schildkröte) und auf der rechten Seite eine niedrigere Berg- oder Hügelformation (der Tiger). Vor dem Haus befindet sich Wasser; ansonsten ist alles offen, um den »Weitblick« zu gewährleisten (der Phönix).
Wenn Sie einen Landschaftsbrunnen gestalten, können Sie im Miniaturformat diese Landschaft der Vier Tiere nachvollziehen (siehe Elfenbrunnen auf S. 33).

Das Haus als Abbild des menschlichen Körpers

Das Haus oder die Wohnung ist mit unserer zweiten Haut vergleichbar. Entsprechend wird der menschliche Körper in das Gebäude eingepasst. Der Kopf entspricht dem Eingangsbereich. Hier dringt das meiste Qi ein und wird über den »Mund« – die Eingangstür – aufgenommen. Auf der Rückseite des Gebäudes finden wir den Bereich der Ausscheidungsorgane und die Hintertür: Verbrauchte Energie kann hier abfließen. Im mittleren Bereich der Rückseite von Haus und Wohnung befindet sich der Bereich des Rückgrats oder der »Rückendeckung«.

Eingang

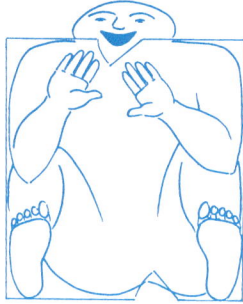

Hintertür

Das Prinzip von Eingangs- und Hintertür können wir im kleinen Maßstab auf die einzelnen Räume übertragen: Über die Zimmertür fließt die Qi-Energie ein und verteilt sich im Raum, um über ein Fenster wieder abzufließen.

60

• Günstige Brunnenstandorte finden Sie im Eingangsbereich, außen neben der Zimmertür oder innen in der Nähe der Zimmertür: So kann verstärkt Qi angezogen werden. Auch seitlich an der Wand kann der Brunnen platziert werden.

• Ungünstig steht der Brunnen, wenn er sich direkt neben oder unterhalb eines Fensters mit klarem Glas befindet, über das die Qi-Energie schnell abfließt. Undurchsichtige Scheiben wie bei Milch- und Strukturglas sowie Glasbausteine können die Qi-Energie zurückhalten. In der Nähe eines solchen Fensters kann der Brunnen aufgestellt werden.

• Auf der Rückseite von Haus oder Wohnung sollte kein Brunnen exakt in der Mitte der Wand stehen, da dieser Bereich als Rückgrat und damit Rückendeckung gilt und vom Wasser »unterspült« und geschwächt würde.

Das Prinzip von Yin und Yang

Die Welt um uns herum und wir selbst befinden uns in einem Prozess ständiger Veränderung. Der Evolutionsprozess kann unterschiedlich ablaufen – harmonisch, negativ, positiv oder neutral. Diese Veränderungen werden von zwei Ursprungsenergien des Universums verursacht, die wir als Yin- und Yang-Kräfte oder Polaritäten bezeichnen.

Beispiele für Yin-Eigenschaften: das Ruhende, das Weibliche, die Kälte, die Nacht, das Schwache.

Beispiele für Yang-Eigenschaften: das Aktive, das Männliche, die Hitze, der Tag, das Starke.

Im Zusammenhang mit Zimmerbrunnen finden zwei Yin- und Yang-Faktoren besondere Beachtung: das Wasser und der Standort.

Yin- und Yang-Eigenschaften des Brunnenwassers

Auch wenn Wasser grundsätzlich Yin-Charakter besitzt, kann es nach feineren Kriterien noch weiter untergliedert werden.

Yang: Das Brunnenwasser sprudelt kräftig und schäumt. Es fließt über unebene, raue Oberflächen, z.B. verschiedene, kaskadenförmige Steine und verwirbelt. Es entsteht ein Rauschen und kräftiges Plätschern. Dieses Wasser wirkt anregend.

Yin: Das Brunnenwasser fließt sanft und ruhig; es fließt an glatten oder wenig rauen Oberflächen entlang; es kräuselt sich geringfügig und schäumt nicht, es entsteht praktisch kein Geräusch. »Stilles Wasser« in Blütenschalen und Neblergeräten, das nicht unmittelbar in Kontakt mit dem Zerstäuber ist, besitzt ebenfalls Yin-Qualitäten. Dieses Wasser wirkt beruhigend.

Der Standort

Im Feng Shui wird zwischen Aktivitätenräumen (Yang) und Ruheräumen (Yin) unterschieden.

Yang sind die Räume und Bereiche, in denen sich das Leben abspielt. Dort ist Bewegung – Menschen gehen ein und aus, viele elektrische Geräte wie Fernseher, Computer oder Küchenmaschinen sind in Betrieb, es ist laut und zumeist hell. Dazu gehören Eingangsbereich, Wohnzimmer, Kinderzimmer, Esszimmer, Arbeitszimmer, Spielzimmer. Auch der Wintergarten erhält durch seine starke Sonneneinstrahlung Yang-Charakter.
Yin sind die Räume und Bereiche, in die sich der Mensch zurückzieht, wenn er seine Ruhe und Privatsphäre sucht. Dazu gehören Schlafzimmer, Meditationsraum, Studierzimmer sowie Bad und Toilette. Auch Abstellräume und ungenutze Räume, die meist tot und dunkel wirken, besitzen eine Yin-Qualität.

Brunnen können wie »Akupunkturnadeln« eingesetzt werden: So kann ein dunkler und stickiger Eingangsbereich durch einen plätschernden, gut beleuchteten Brunnen lebendig werden und einen freundlichen Empfang bieten. Und der sanfte Laut des Brunnens im Meditationsraum kann helfen, die Sammlung und Entspannung zu vertiefen.

Der Brunnen in den einzelnen Räumen

 Kinder sind von Wasser fasziniert. Sie sollten kleine Kinder immer beaufsichtigen, wenn sie sich an einem Zimmerbrunnen zu schaffen machen. Stellen Sie diesen auf eine große stabile Fläche wie einen Tisch oder einen Schrank und befestigen Sie ihn gegebenenfalls, damit er nicht heruntergezogen werden kann; kleine Tischchen oder Säulen sind als Standfläche ungeeignet, da sie leicht mit dem Brunnen umkippen können. Verlegen Sie Kabel so, dass sie für die Kinder unzugänglich ist. Wenn Sie einen Brunnen im Kinderzimmer aufstellen möchten, sollten Sie das nur bei älteren Kindern tun, die mit der Benutzung elektrischer Geräte vertraut sind.

Für höhere Sicherheit empfiehlt sich eine Niedervoltpumpe oder eine außerhalb des Wassers im Sockel eingebaute Pumpe (siehe Abschnitt »Pumpen«, S. 100).

Das *Wohnzimmer* oder auch das *Esszimmer* ist ein günstiger Platz für einen Zimmerbrunnen. Dekorieren Sie ihn mit bunten Accessoires, die die einzelnen Elemente der Bewohner repräsentieren (siehe Abschnitt »Die Fünf Elemente«, S. 70).

Ein Brunnen in der Küche sollte nur aufgestellt werden, wenn Sie eines der Acht Lebensziele (siehe S. 65) dort aktivieren. Das Wasser absorbiert die Energien und Gerüche der Lebensmittel sehr schnell und sollte deshalb häufig gewechselt werden (siehe auch »Wasserpflege« auf S. 97).

Ein Brunnen im *Arbeitszimmer* ist ein wichtiges Accessoire. Auf Grund der verstärkten Befeuchtung der Luft wird die elektrostatische Aufladung durch die zahlreichen Büromaschinen reduziert. Ein Brunnen in der Nähe des Arbeitsplatzes wirkt als Blickfang zur Entspannung oder Inspiration. Wählen Sie einen Brunnen, der möglichst nicht spritzt und stellen Sie ihn vor sich oder seitlich auf. Der Brunnen sollte keinesfalls hinter Ihnen stehen, da er Ihre »Rückendeckung« schwächen würde.

Ein Brunnen im *Wintergarten* ist ein Muss, weil das Qi über die zahlreichen Fensterflächen schnell entweicht und den Wintergarten zu einem energiearmen und stickigen Bereich werden lässt. Durch die Sonneneinstrahlung wird die Luft sehr heiß und trocken. Wählen Sie einen Brunnen mit einer großen Oberfläche oder ein größeres Becken mit zahlreichen Wasserspeiern (siehe Brunnenprofile auf S. 30 und 41). Ein einzelner Tischbrunnen reicht in der Regel für die Befeuchtung und Belebung des Wintergartens nicht aus.

Das *Treppenhaus* ist ein weiterer wichtiger Bereich. Häufig ist es eher dunkel und schlecht belüftet, oder es ist mit viel Glas umgeben, über das das Qi schnell entweicht – ein ähnliches Problem wie beim Wintergarten. Ein Brunnen am Fuß der Treppe lässt günstiges Qi nach oben steigen. Beachten Sie: Der Brunnen sollte sich nicht an einer Treppe befinden, die auf der Rückseite von Haus und Wohnung genau in der Mitte liegt – dieser Bereich entspricht dem »Rückgrat«, das nicht durch Wasser geschwächt werden sollte (siehe S. 61). Als Weg und Durchgangsbereich besitzt die Treppe eine »trockene Wasserqualität«, die durch einen Brunnen noch verstärkt würde. Stellen Sie in diesem Fall einige schwere Steine oder Figuren auf die Treppenabsätze: Sie unterstützen den Rückhalt für Haus und Wohnung.

Auch *Flure* gelten als »trockene« Wasserwege, die auf Grund der Raumaufteilung oft wenig Qi-Energie haben. Ein Brunnen macht sich hier sehr gut, er zieht über den Korridor verstärkt Energie in die weiter hinten gelegenen Räume. Achten Sie auf eine gute Beleuchtung und einen stabilen Stellplatz auf einem Schränkchen oder einem Sockel. Es sollte genügend Platz vorhanden sein, um mühelos am Brunnen vorbeigehen zu können.

 Wenn Sie im *Schlafzimmer* einen Brunnen aufstellen möchten, sollte durch Wasser und Pumpe kein lautes Geräusch entstehen. Durchdringende Pumpengeräusche können das Herz beeinträchtigen, und ein lautes Plätschern kann Nieren und Blase anregen und dazu führen, dass Sie häufiger zur Toilette gehen müssen. Der Abstand vom Bett sollte etwa 2 Meter betragen.

Wenn Sie den Eindruck haben, dass die Brunnenenergie im Winter zu stark kühlend wirkt, was u. U. durch das Wassergeräusch noch verstärkt wird, ersetzen Sie den Brunnen durch ein »trockenes Wasser«, das als Symbol ebenfalls Qi anzieht (siehe auch S. 113). Hängen Sie ein Wasserfallposter dort auf, wo sonst der Brunnen steht.

Normalerweise wird für *Bad* und *Toilette* kein Brunnen empfohlen. Nur wenn Sie ein bestimmtes der Acht Lebensziele an keinem anderen Ort aktivieren können, kann ein kleiner Tischbrunnen im Bad aufgestellt werden.

Die Acht Lebensziele

Das System der »Acht Lebensziele«
ist vielleicht das bekannteste und
gehört zu den ältesten im Feng Shui.
Es wird auch als »Die Acht Lebenssi-
tuationen«, das »Drei-Türen-System«
oder einfach »Bagua« bezeichnet.
Der Mensch hat seit jeher grundlegende Lebensziele – die wichtigsten
sind Gesundheit, Wohlstand und
Partnerschaft. Im Feng Shui werden
den Lebenszielen bestimmte Bereiche
in Gebäuden und in Räumen zugeordnet.
In der Zeichnung sehen Sie das voll-
ständige System der Acht Lebensziele,
wie es auf einen Hausplan oder
einzelnen Raum übertragen werden
kann.

Die Bestimmung der Bereiche der Acht Lebensziele

Bei der Bestimmung der Acht Lebensbereiche gibt es zwei Ansätze.
• Nach dem »Bagua« wird jedem
Lebensziel traditionell auch eine
bestimmte Himmelsrichtung und
Farbe zugeordnet. So gehört beispielsweise zum Lebensziel *Reichtum
und Wohlstand* die Himmelsrichtung
Südosten und die Farbe Grün. Diese
Angaben habe ich bei der weiteren
Erläuterung jeweils in Klammern hinter das jeweilige Lebensziel gesetzt.
• Nach dem System der »Drei Türen«
muss die Reichtumsecke nicht unbedingt im Südosten liegen. Die Seite,
auf der sich die Tür befindet, bestimmt, wie die Acht Lebensziele im
Gebäude oder Raum verteilt sind.

Die Acht Lebensziele
Die Tür kann sich an beliebiger Stelle im unteren Bereich befinden.

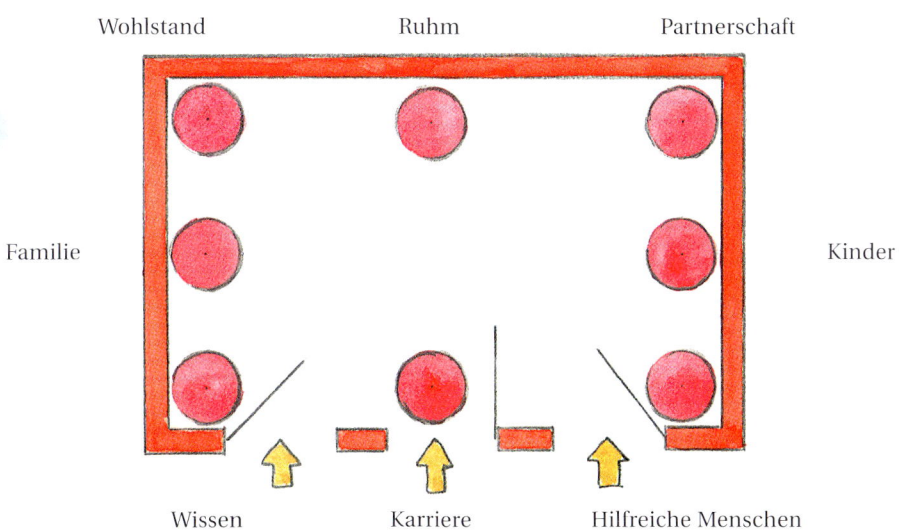

Dabei spielt es keine Rolle, wo sich die Tür genau befindet, ob mehr auf der rechten, der linken Seite oder in der Mitte – deshalb »Drei-Türen-System«. Wir stellen uns dabei vor, dass wir in der Eingangs- oder Zimmertür stehen und in das Haus, die Wohnung oder einen einzelnen Raum hineinblicken. Entsprechend werden die Bereiche zugeordnet. Hat ein Raum mehrere Türen, bestimmt die am häufigsten benutzte Tür die Verteilung der Acht Lebensziele. Wenn wir wissen, wo sich ein bestimmtes Ziel befindet, können wir mit Hilfe eines Kompasses feststellen, in welcher Himmelsrichtung sich der jeweilige Bereich befindet. Jeder Himmelsrichtung ist ein bestimmtes Element zugeordnet, auf das die Brunnengestaltung harmonisch abgestimmt werden kann (siehe »Die Fünf Elemente« auf S. 72).
Wie gesagt: Nach dem »Drei-Türen-System« befindet sich die Reichtumsecke nicht unbedingt im Südosten.

Meiner Erfahrung nach hat sich das »Drei-Türen-System« für die Aktivierung der Acht Lebensziele sehr gut bewährt, außerdem kann man sich die Bereiche auf diese Weise sehr schnell merken. Sie haben die Wahl – experimentieren Sie, welches System bei Ihnen funktioniert.
Die traditionell zugeordneten Himmelsrichtungen stehen in Klammern.

Wohlstand
(Bagua: Südosten, Grün)

Materieller und auch geistiger Reichtum, Geld, Besitz.
Anregung: Geldsymbole wie Goldbarren und Münzen, Feng-Shui-Symbole wie die Geld-Kröte, das Einhorn oder eine Wohlstands-Kalligraphie wirken als Verstärker. Kopieren Sie sich Geldscheine farbig in Großformat und legen oder hängen Sie sie in der Nähe des Brunnens auf.

Ruhm
(Bagua: Süden, Rot)

Achtung und Wertschätzung, Ansehen und Status. Nicht nur äußerer Ruhm, sondern auch innere Werte und Lebenseinstellung.
Anregung: Hängen Sie an der Wand in der Nähe des Brunnens Dinge auf, die Sie gewonnen haben oder durch die Sie bekannt geworden sind, z. B. Zertifikate, Diplome, Pokale, Trophäen, Zeitungsartikel usw.

Partnerschaft
(Bagua: Südwesten, Braun)

Beziehung zu Lebens- oder Ehepartner, Beziehungen zu Arbeitskollegen, Freunden und Mitmenschen.
Anregung: Stellen Sie einen rosa oder roten Rosenstrauß neben den Brunnen. Verwenden Sie Herzsymbole, Fotos von glücklichen Paaren oder Männern/Frauen, die Ihrem Traumtyp entsprechen, oder Bilder von Tieren, die in Paargemeinschaften zusammenleben.

 *Kinder:*
(Bagua: Westen)
Leibliche und »geistige
Kinder« wie Ideen, Projekte,
Kreativität.
Anregung: Wenn Sie sich Kinder
wünschen, wählen Sie Fruchtbar-
keitssymbole wie Eier oder Fische
und dekorieren Sie rund um den
Brunnen mit Kinderfotos und passen-
den Accessoires. Wollen Sie sich Ihren
Projekten verstärkt widmen, legen Sie
einen schönen Projektordner, in dem
Sie Ihre Ziele notiert haben, in den
Brunnenbereich,.

 Hilfreiche Menschen:
(Bagua: Nordwesten,
Gold/Silber)
Sichtbare und unsichtbare Helfer.
Unsere Mentoren, z. B. Lehrer, die uns
hilfreich begleiten.
Anregung: Hängen Sie Bilder von
Menschen auf, von denen Sie unterstützt werden oder sich Unterstützung wünschen. Lehrer oder Meister
haben hier einen guten Platz, aber
auch eine Broschüre der Bank mit
dem Bild Ihres Kundenberaters kann
eine Zeit lang nützliche Dienste
erweisen.

 *Karriere:*
(Bagua: Norden, Blau)
Persönlicher und beruflicher
Lebensweg.
Anregung: Hängen Sie Bilder oder
Gegenstände auf, die mit Ihrem Beruf
oder Werdegang zu tun haben.
Sie können auch Bilder von Wegen

oder Berggipfeln nehmen, um
Ihren Aufstieg zu symbolisieren.

 Wissen
(Bagua: Nordosten, Braun)
Erworbene Kenntnisse,
Lernfähigkeit, Lebenserfahrung,
Umsetzung des Wissens, Intuition.
Anregung: In der Nähe des Brunnens
können Sie Ihre Lieblingsbücher und
alles, was Sie gerade lernen wollen,
aufstellen.

 Familie und Gesundheit
(Bagua: Osten, Grün)
Familienmitglieder und
»Verwandte« im weitesten Sinne.
Körperliche, seelische und geistige
Gesundheit.
Anregung: Ein bunter Blumenstrauß
belebt den Brunnen zusätzlich und
kann in jeder Himmelsrichtung auf-
gestellt werden. Wählen Sie Symbole,
die für Vitalität stehen. Fröhliche
Familienfotos und Bilder von Men-
schen, die Ihnen nahe stehen, passen
gut in diesen Bereich.

 Zentrum oder Tai Chi
Der Mittelpunkt des Hauses
oder der Wohnung und der
Mittelpunkt unseres Lebens; dort
befindet sich häufig, aber nicht immer
das »Herz« unserer Wohn- oder
Arbeitsräume, dessen Energie zu
allen Seiten hin ausstrahlt.
Anregung: Gestalten Sie den Brunnen dort in bunten Farben und
verwenden Sie Symbole, die für Sie
Zusammenhalt und Herz bedeuten.

Die Aktivierung der Acht Lebensziele

Das System der Acht Lebensziele funktioniert, wenn Sie sich darauf konzentrieren, *ein* bestimmtes Ziel zu erreichen.

Aktivierung bedeutet, an dieses Ziel zu denken, es sich konkret vorzustellen und zusätzlich Gegenstände (z. B. einen Brunnen) in den entsprechenden Bereich zu stellen, die als Erinnerung oder mentaler Anker dienen. Symbolisch steht Ihr Brunnen nun für Partnerschaft, Kinder, Wissen usw. Da Sie immer wieder in diesen Bereich gehen, um z. B. den Brunnen aufzufüllen und zu reinigen, werden Sie gleichzeitig an Ihr Ziel erinnert. Das Wasser als Informationsträger transportiert Ihre Zielvorstellungen zusätzlich auf feinstofflichem Wege weiter. Wenn Sie Ihre Bereiche pflegen, entsteht dort eine immer konzentriertere Mentalenergie. Diese Ausstrahlung lässt eine Art mentalen »Satelliten« wachsen, der ihren Wunsch weiterfunkt: So können die Dinge ihren Lauf nehmen.

Wichtiger Hinweis: Stellen Sie nur Bilder von lebenden Menschen auf – mit Ausnahme von religiösen Figuren oder Meistern. Bilder von Verstorbenen sollten möglichst nicht aufgehängt werden – lassen Sie die Toten ruhen. Falls ein solches Bild für Sie doch wichtig ist, wählen Sie einen sehr ruhigen, geschützen Platz, jedoch nicht das Schlafzimmer.

Damit die Aktivierung mit Hilfe des Brunnens funktioniert und Sie Ihre Ziele erreichen, beachten Sie folgende Regeln:

• Aktivieren Sie immer nur ein Lebensziel auf einmal, also entweder Wohlstand, Partnerschaft oder Karriere. Wenn Sie zusätzlich zum Wohlstand die Partnerschaft aktivieren würden, würden Sie Ihre Energie zu stark streuen und keine oder erst sehr spät Ergebnisse erhalten.

• Folgende Bereiche können zusammen aktiviert werden, denn sie ergänzen sich:

 a) Wohlstand und Hilfreiche Menschen Wenn Sie zu Wohlstand kommen möchten, sind Kontakte mit den richtigen Menschen unerlässlich.

 b) Partnerschaft – Familie – Kinder Diese drei Aspekte des menschlichen Zusammenlebens sind eng miteinander verknüpft.

 c) Partnerschaft – Wissen Diese Kombination dient der Achtsamkeit im Umgang mit Menschen, insbesondere dem Partner / der Partnerin.

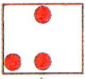 *d) Karriere – Wissen – Ruhm* Wünschen Sie sich eine berufliche Karriere, gehört dazu das richtige Wissen. Dann gelangen Sie auch zu Ruhm.

• Wenn Sie mehrere Bereiche aktivieren wollen, brauchen Sie nicht überall Brunnen aufzustellen. Sie können in einen Bereich einen Brunnen und in den anderen eine Pflanze, einen aufgeladenen Bergkristall oder ein Symbol stellen, das für Sie für das gewünschte Ziel steht. Wasser ist ein lebendiges Hilfsmittel zur Aktivierung, da es als Informationsträger ein »Gedächtnis« hat und Wünsche speichert. Auch lebendige Pflanzen besitzen diese Wirkung, da sie ebenfalls Wasser enthalten. Berücksichtigen Sie zur weiteren Feinabstimmung beim Aufstellen die Himmelsrichtungen der Bereiche und die Harmonie der Fünf Elemente (siehe S. 71).

Aktivierung und Qi-Fluss

• Damit die Aktivierung optimal funktioniert, sollte im jeweiligen Bereich eine feste Wand von einem Meter Breite vorhanden sein. Nur so kann sich die Qi-Energie in diesem Bereich »halten« kann (siehe Zeichnung).

• Der Zimmerbrunnen und andere Accessoires zur Aktivierung können auf ein kleines Schränkchen oder eine Säule gestellt werden, sollten ansonsten aber frei stehen, damit sie von Qi umflossen werden.

• Verwenden Sie Brunnen mit sanfter Wirkung, d.h. einer glatteren Oberfläche oder einem einfachen Springstrahl, die die Qi-Energie anziehen, aber nicht zu stark streuen. Ansonsten würde das Qi, das Ihre persönliche Mentalenergie unterstützt, wieder aus dem Bereich hinausgedrückt.

• Der Brunnen steht symbolisch für Ihr Ziel. Halten Sie diesen Bereich unbedingt sauber und beleuchten Sie ihn gut.

• Es kann nicht aktiviert werden, wenn sich im jeweiligen Bereich eine Tür, ein Fenster oder eine Wand aus klarem Glas befindet. Die Energie, die zur Aktivierung benötigt wird, kann sich nicht halten (siehe Zeichnung).

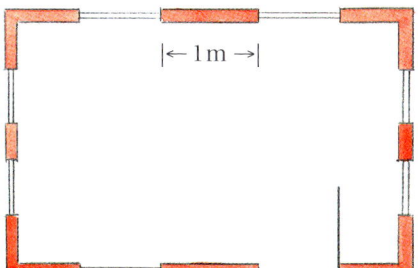

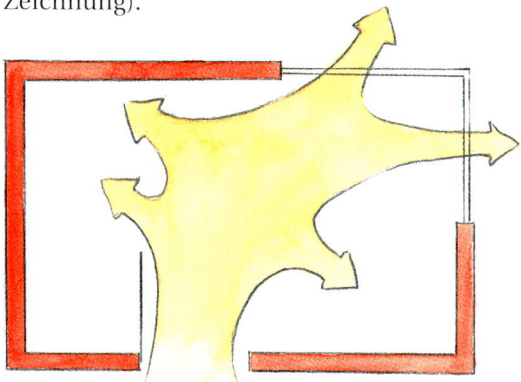

• Bereiche, die unmittelbar auf Höhe
der Tür liegen, werden von der ein-
fließenden Energie »angegriffen« und
können nicht aktiviert werden.
Beispiel: Die Bereiche Wissen, Familie
und Wohlstand können nicht aktiviert
werden.

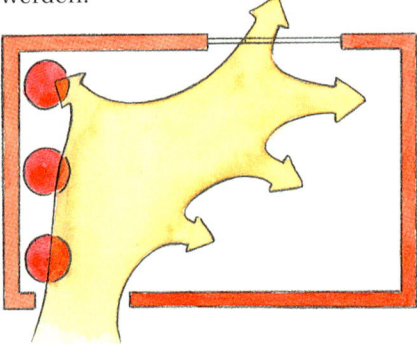

• Ecken oder Bereiche in der Dach-
schräge bringen höchstens die halbe
Wirkung, oder noch weniger, da sich
hier weniger Qi-Energie sammeln
kann.

Die Fünf Elemente

Im Feng Shui wird bei der Gestaltung,
Farbgebung und dem Platzieren der
Einrichtungsgegenstände das Prinzip
der Fünf Elemente – Wasser, Holz,
Feuer, Erde, Metall – berücksichtigt.
Wir selbst und alles, was uns umgibt,
kann den Fünf Elementen zugeordnet
werden. Dabei können die Elemente
unterschiedlich bestimmt werden,
z. B. nach Material, Farbe, Form,
Energiefluss oder auch Geburts-
datum.
Wenn Sie einen Brunnen nach Feng
Shui planen und einsetzen wollen,
sind die folgenden Kriterien für die
Feinabstimmung hilfreich:

• **Die Gestaltung**
Material, Farbe und Form des Brunnens werden in Anlehnung und die
Fünf-Elemente-Lehre zugeordnet und
aufeinander abgestimmt.

• **Die Himmelsrichtungen**
Jeder Himmelsrichtung wird ein bestimmtes Element zugeordnet. Beim
Aufstellen des Brunnens sollte darauf
geachtet werden, dass die Brunnen-
Elemente, die nach Material und Farbe
zugeordnet werden, mit der Himmelsrichtung harmonieren.

• **Das persönliche Geburtsjahreselement**
Wenn Sie den Brunnen *in Ihrer
unmittelbaren Nähe* aufstellen, treten
die Elemente des Brunnens und der

Himmelsrichtung mit Ihrem persönlichen Geburtsjahreselement in Wechselwirkung und sollten Sie stärken.

Die Elemente können sich gegenseitig nähren und unterstützen oder auch zerstören. Wie das geschieht, veranschaulichen die zwei wichtigsten Elementezyklen – Fütterungs- und Zerstörungszyklus.

Der Fütterungszyklus

Holz nährt das Feuer, aus dem Feuer entsteht Asche/Erde, in der Erde finden wir Metalle, Metall lässt sich wie Wasser verflüssigen, Wasser nährt das Holz.

Der Zerstörungszyklus

Holz bricht die Erde auf, Erde saugt Wasser auf, Wasser löscht Feuer, Feuer schmilzt Metall, Metall schneidet Holz.

Das Wasserelement im Verhältnis zu den anderen Elementen

Da der Schwerpunkt dieses Buches naturgemäß auf dem Wasser liegt, gehe ich besonders auf dessen Elementekombinationen ein. Hier spielen für die Brunnengestaltung die Materialien, Farben sowie die Elementezuordnung der Himmelsrichtung die entscheidende Rolle.

Wasser – Wasser

Es ist so, als ob sich zwei Freunde treffen, die die gleichen Interessen haben. Sie unterstützen und nähren sich gegenseitig. Es gibt keine Konflikte und Reibungen. Die geballte Kraft des Wassers ist vorhanden.

– *Farben und Formen des Wasserelements:* alle Blautöne, Wasser, gewellte Formen und Oberflächen.

– *Himmelsrichtung:* Norden.

– *Typischer Brunnen mit Schwerpunkt Wasserelement:* blauer Brunnen mit maritimer Dekoration.

 Tipp: Wasser im Norden kann überbetont werden, wenn Sie dort beispielsweise einen großen Brunnen in Blautönen aufstellen. Gleichen Sie diesen »Überschuss« durch eine gute Beleuchtung aus (Räume im Norden wirken dunkler) oder verwenden Sie als Dekoration mehr Pflanzen.

Wasser – Holz

Nach dem Fütterungszyklus nährt das Wasser das Holz, also ist dies eine positive Elementekombination – selbst wenn die Wasserenergie re-duziert wird, weil die Pflanzen sie aufnehmen. Bei einem üppig bepflanzten Brunnen profitieren in erster Linie die Pflanzen, sie werden ausreichend befeuchtet und gedeihen gut. In einigen Fällen ist das sogar erwünscht, wenn das Holzelement in den Vordergrund treten soll.

– *Farben und Formen des Holzelements:* alle Grüntöne, Pflanzen, hohe, schlanke, runde Formen (Säulenform).

– *Himmelsrichtung:* Osten, Südosten.

– *Typischer Brunnen mit Schwerpunkt Holzelement:* bepflanzter Brunnen.

 Tipp: Eine klassische Feng-Shui-Maßnahme bildet der Brunnen im Südosten. Diese Himmelsrichtung wird traditionell dem Thema Reichtum zugeordnet, der durch das Wasser gefördert wird. Beachten Sie: Verarbeitetes Naturholz in seiner natürlichen Farbe, z. B. in Form von Bottichen oder Schalenverkleidungen, wirkt neutral und kann in Kombination mit allen anderen Elementen verwendet werden.

Wasser – Feuer

Generell kann man von einem Konflikt sprechen. Wenn viel Wasser vorhanden ist, kann dadurch das Feuer gelöscht werden. Feuer und Wasser im richtigen Verhältnis lassen jedoch Wasserdampf entstehen, der eine stark belebende Energie hat.

– *Farben und Formen des Feuerelements:* alle Rot- und Rosétöne, Violett und Purpur, alles Scharf- und Spitzkantige, z. B. Kegel- und Pfeilformen.

– *Himmelsrichtung:* Süden.

– *Typischer Brunnen mit Schwerpunkt Feuerelement:* roséfarbener, kegelförmiger Brunnen.

Für Brunnen im Rahmen des Feng Shui ergeben sich dadurch folgende Regeln:

• Verwenden Sie keine Brunnenschalen oder größere Brunnenaccessoires in kräftigen Rottönen, die das Feuerelement repräsentieren. Quellsteine sollten oben nicht kegelförmig oder spitz zulaufen – diese Form steht ebenfalls für das Feuerelement.

• Brunnen sollten nicht im Süden stehen, weil diese Himmelsrichtung dem Feuer zugeordnet ist und im Konflikt mit dem Wasserelement steht.

 Tipp: Wenn es tatsächlich keine andere Möglichkeit gib, und Sie einen Brunnen im Süden aufstellen müssen, wählen Sie einen mit üppiger Bepflanzung und verwenden Sie keine blaue Schalen und Accessoires, die das Wasserelement zusätzlich betonen. Oder stellen Sie einen Brunnen in Rosétönen auf, z. B. einen Pagodenbrunnen aus Glas, der von innen beleuchtet ist (siehe S. 15). Setzen Sie einen Brunnen im Süden nur eine begrenzte Zeitlang auf und achten Sie auf besondere Ereignisse.

Wasser – Erde

Ein weiterer Fall, in dem die Wasserenergie reduziert wird – Erde saugt Wasser auf, es kann nicht einmal nährend wirken wie beim Holz. Die Wasserenergie in einem erdfarbenen Brunnen ist nicht so kraftvoll wie z. B. in einem blauen Becken.

– *Farben und Formen des Erdelements:* alle Braun- und Beigetöne, Gelb und Orange; Keramik, Erde, Steine, runde oder Kugelformen.

– *Himmelsrichtungen:* Nordosten, Südwesten.

Die feinstoffliche Energie des Wasserelements ist in den Himmelsrichtungen des Erdelements – Nordosten und Südwesten – geringer. In der Literatur findet man den Hinweis, dass im traditionellen Feng Shui der Nordosten mit unguten Energien in Verbindung gebracht wird. Dieser in China verwurzelte Glaube findet jedoch im Westen keinen Vergleich. Daher können Sie auch einen Brunnen im Nordosten aufstellen.

– *Typischer Brunnen mit Schwerpunkt Erdelement:* Quellsteinbrunnen in Brauntönen mit Kieseldekoration, Landschaftsbrunnen mit vielen Steinen, Brunnen aus Keramik in Natur.

Wasser – Metall

Zwei Elemente, die sich wie Mutter und Kind verhalten – Metall lässt sich schmelzen und ähnelt in dieser Form dem Wasser. Daher sagt man im Zusammenhang mit der Lehre der Fünf Elemente, dass Metall das Wasser nährt. Andererseits laugt das »Kind« die Mutter aus: Wasser lässt Metall rosten.

Goldene Wohlstandsbrunnen erfreuen sich großer Beliebtheit: Das Metall stärkt das Wasserelement, und der Wasserstaub trägt die goldenen Strahlen weiter in den Raum hinein.

Wasser lässt Metall noch stärker glänzen und leuchten – denken Sie an ein Wasserbecken mit Münzen, auf das die Sonne scheint.

– Farben und Formen des Metall-elements: Gold-, Silber- und Bronze-töne; Kuppel- und Bogenformen.
– Himmelsrichtungen: Westen, Nord-westen.
– Typischer Brunnen mit Schwerpunkt Metallelement: ein goldfarbener Brunnen, oder ein Brunnen, der ganz aus Metall hergestellt ist.
Die Metall-Himmelsrichtungen un-terstützen zwar einerseits die Wasser-energie, andererseits hat ein großer Brunnen im Westen oder Nordwesten eine auslaugende Wirkung auf die Metallenergie. Manche Feng-Shui-Berater lehnen es generell ab, einen Brunnen im Westen aufzustellen, da dies die Himmelsrichtung der untergehenden Sonne und der Geis-terwelt ist. Sie können aber einen kleinen Brunnen nehmen, der gestal-terisch dem Metallelement zugeord-net wird, und den Platz hell und sauber halten.

Besonderheiten der Farben Weiß und Schwarz

Die Farbe Weiß

Die Farbe Weiß ist neutral, sie enthält die Spektral- oder Regenbogenfarben und damit alle Elemente. Daher können weiße Schalen und Brunnen-elemente in allen Bereichen verwen-det werden. Da Weiß der Farbe des Silbers ähnelt, kann es auch dem Element Metall zugeordnet werden.

Die Farbe Schwarz

Schwarz ist generell zu vermeiden, es wirkt bedrückend, symbolisiert Stillstand, Trauer und absorbiert alle anderen Farben. In der Literatur wird es neben Blau immer wieder als Farbe genannt, die das Wasser sym-bolisiert. In manchen Fällen wirkt Wasser tatsächlich schwarzbraun oder schwarz – dort wo es sehr tief ist und gefährliche Ströme und Strudel existieren. Wasser wird schwarz, wo kein Licht mehr hindringt – wie in der Tiefsee. Dort gibt es zwar auch Leben, aber kein menschliches. Diese düstere Stimmung sollten wir unserem Leben nicht zuführen. Wasser an der Erdoberfläche, wo wir Menschen leben, schimmert blau. Das Blau des Wassers und das Gelb des Sonnenlichts lässt das Grün der Pflanzen entstehen.
Der Wasseranteil in den Pflanzen lässt sich am Grünton erkennen – dort, wo die Sonneneinstrahlung stärker und weniger Wasser vorhan-den ist, haben die Pflanzen einen gelbgrünen Farbton. Pflanzen an einem Bachufer, wo ausreichend Feuchtigkeit vorhanden ist, zeigen einen satten Grünton.

Das Geburtsjahreselement des Menschen

Nachdem wir die Kriterien für die Gestaltungselemente und die Himmelsrichtung des Brunnenstandorts kennen gelernt haben, wenden wir uns dem Geburtsjahreselement zu. Dieses Merkmal kann ebenfalls für die spätere Brunnengestaltung eingesetzt werden.

Auch ein Mensch kann verschiedenen Elementen zugeordnet werden, z. B. nach seinem Konstitutionstyp dem Erdelement, nach der Körperform dem Metallelement und nach seinem Geburtsdatum dem Holzelement.

Das Geburtsjahreselement ist jedoch das entscheidende Kriterium, wenn wir Wasser in Innenräumen verwenden. Es wird anhand des chinesischen Kalenders ermittelt. Draußen im Freien gilt diese Regel des Geburtsjahreselementes nicht, hier ist der Mensch eins mit seiner Umgebung, er kann sich frei bewegen und ist auf keinen festen Sitz-, Arbeits- oder Schlafplatz festgelegt. Der nachfolgenden Tabelle können Sie Ihr persönliches Geburtsjahreselement entnehmen.

Beispiel: Wenn Sie am 5. August 1965 geboren wurden, ist Ihr Geburtsjahreselement Holz.

Geburtsjahr	Element	Geburtsjahr	Element	Geburtsjahr	Element	Geburtsjahr	Element
10.02.1910	Metall	31.01.1938	Erde	21.01.1966	Feuer	23.01.1993	Wasser
30.01.1911	Metall	19.02.1939	Erde	09.02.1967	Feuer	10.02.1994	Holz
18.02.1912	Wasser	08.02.1940	Metall	30.01.1968	Erde	31.01.1995	Holz
06.02.1913	Wasser	27.01.1941	Metall	17.02.1969	Erde	19.02.1996	Feuer
26.01.1914	Holz	15.01.1942	Wasser	06.02.1970	Metall	07.02.1997	Feuer
14.02.1915	Holz	05.02.1943	Wasser	27.01.1971	Metall	28.01.1998	Erde
03.01.1916	Feuer	25.01.1944	Holz	15.02.1972	Wasser	16.02.1999	Erde
23.01.1917	Feuer	13.02.1945	Holz	03.02.1973	Wasser	05.02.2000	Metall
11.02.1918	Erde	02.02.1946	Feuer	23.01.1974	Holz	24.01.2001	Metall
01.02.1919	Erde	22.01.1947	Feuer	11.02.1975	Holz	12.02.2002	Wasser
20.02.1920	Metall	10.02.1948	Erde	31.01.1976	Feuer	01.02.2003	Wasser
08.02.1921	Metall	29.01.1949	Erde	18.02.1977	Feuer	22.01.2004	Holz
28.01.1922	Wasser	17.02.1950	Metall	18.02.1977	Feuer	09.02.2005	Holz
16.02.1923	Wasser	06.02.1951	Metall	18.02.1977	Feuer	29.01.2006	Feuer
05.02.1924	Holz	27.01.1952	Wasser	28.01.1979	Erde	18.02.2007	Feuer
25.01.1925	Holz	14.02.1953	Wasser	16.02.1980	Metall	02.02.2008	Erde
13.02.1926	Feuer	03.02.1954	Holz	05.02.1981	Metall	26.01.2009	Erde
02.02.1927	Feuer	24.01.1955	Holz	25.01.1982	Wasser	14.01.2010	Metall
23.01.1928	Erde	12.02.1956	Feuer	13.02.1983	Wasser	03.02.2011	Metall
10.02.1929	Erde	31.01.1957	Feuer	02.02.1984	Holz	23.01.2012	Wasser
30.01.1930	Metall	18.02.1958	Erde	20.02.1985	Holz	10.02.2013	Wasser
17.02.1931	Metall	08.02.1959	Erde	09.02.1986	Feuer	31.01.2014	Holz
06.02.1932	Wasser	28.01.1960	Metall	29.01.1987	Feuer	19.02.2015	Holz
26.01.1933	Wasser	15.02.1961	Metall	17.02.1988	Erde	08.02.2016	Feuer
14.02.1934	Wasser	05.02.1962	Wasser	06.02.1989	Erde	28.01.2017	Feuer
04.02.1935	Holz	25.01.1963	Wasser	27.01.1990	Metall	16.02.2018	Erde
24.01.1936	Feuer	13.02.1964	Holz	15.02.1991	Metall	05.02.2019	Erde
11.02.1937	Feuer	02.02.1965	Holz	04.02.1992	Wasser	25.01.2020	Metall

Geburtsjahreselement Holz

Da Holz und Wasser in Harmonie stehen, ist ein Brunnen sehr gut – das Geburtsjahreselement wird damit zusätzlich gestärkt. Die Menschen, die zu diesem Geburtsjahreselement gehören, werden von der Wasserenergie des Brunnens genährt. Bei einem Brunnen in ihrer Nähe sollte die Farbe Gold oder Silber (Metallelement) allerdings nicht dominieren, da Metall das Holz schwächt. Brunnen in Blautönen oder bepflanzte Brunnen sind sehr günstig.

Geburtsjahreselement Erde

Erde saugt das Wasser auf: Diese Menschen können einen Brunnen in ihrer Nähe gut vertragen und profitieren von der zusätzlichen Qi-Energie. Der Brunnen sollte allerdings nicht zu viele grüne Elemente oder Pflanzen aufweisen, da das Holz die Erde aufbricht und damit schwächt. Brunnen aus naturfarbener Keramik, in Erd- oder Rosétönen sind gut geeignet, sie dürfen auch einzelne Elemente aus Metall aufweisen.

Geburtsjahreselement Metall

Auch das Metallelement des Menschen profitiert von der durch den Brunnen angezogenen Qi-Energie. Damit es jedoch nicht geschwächt wird, sollte der Brunnen so aufgestellt werden, dass dem Menschen mit diesem Geburtsjahreselement zwei Meter Abstand bleiben. Am besten Brunnen aus Metall und erdfarbener Keramik (Erdelement). Zu viel Blau sollte vermieden werden, denn das Metallelement würde geschwächt – Metall »rostet«, wenn es dem Wasser lange ausgesetzt ist.

Geburtsjahreselement Wasser

Diese Menschen können gut mit Wasser umgehen – es ist schließlich ihr eigenes Element und wirkt für sie unterstützend. Der Brunnen in ihrer Nähe sollte in Blau-, Gold- oder Silbertönen gehalten sein. Sie können auch einen bepflanzten Brunnen aufstellen.

Geburtsjahreselement Feuer

Wenn Ihr Geburtsjahreselement das Feuer ist, sollten Sie in Innenräumen einen größeren Abstand zu Brunnen halten. Kinesiologische Tests, die mit der Muskelkraft arbeiten, haben gezeigt, dass Brunnen in nächster Nähe das Feuerelement schwächen, was zu Müdigkeit, Gereiztheit und Konzentrationsschwierigkeiten führen kann. Erfahrungsgemäß sollten diese Personen einen Abstand von mindestens zwei bis drei Metern zu einem Brunnen halten. Der genaue Abstand kann individuell mit Hilfe des kinesiologischen Tests ermittelt werden. Häufig gehen Menschen, die zum Feuerelement gehören, intuitiv auf Abstand zu Wasser oder wünschen sich nicht unbedingt einen Brunnen in ihrem Zimmer. Duschen oder Baden ist kein Problem für sie, weil sie sich nur kurzfristig dem Wasser aussetzen; eine »Dauerberieselung« würde sie jedoch schwächen.

Ein Brunnen im Eingangsbereich oder Flur macht einem Feuerelement-Menschen zum Beispiel nichts aus – hier kann er rasch vorbeigehen und braucht nicht länger zu verweilen. Er sollte in jedem Fall einen Brunnen im Schlafzimmer vermeiden und am Arbeitsplatz nur dann aufstellen, wenn er einen entsprechenden Abstand halten kann, z. B. im Großraumbüro.

Kombination diverser Geburtsjahreselemente

Familien, Wohn- und Lebensgemeinschaften brauchen auf Brunnen nicht zu verzichten, nur weil vielleicht die Mitglieder verschiedene Geburtsjahreselemente haben, die nur schwer unter einen Hut gebracht werden können. Im Wohnzimmer z. B. sorgt ein Brunnen in der Nähe der Tür oder in der Mitte des Raumes für eine gute Energieverteilung, die allen zugute kommt, wobei der Feuerelement-Mensch für sein Wohlbefinden sorgen muss, indem er auf einen ausreichenden Sitzabstand achtet. Das gleiche Prinzip gilt im Ladengeschäft, im Großraumbüro oder im Eingangsbereich.

Merkmale von Personen, denen nach der chinesischen Astrologie das Element Wasser zugeordnet wird

In der östlichen und westlichen Astrologie finden wir den vom Element Wasser geprägten Menschen beschrieben. Nach der westlichen Astrologie werden die Tierkreiszeichen Fische, Krebs und Skorpion dem Wasserelement zugeordnet. In der chinesischen Astrologie werden bestimmte Jahre (siehe auch Geburtsjahreselement auf S. 75) und die Tierkreiszeichen Ratte und Schwein dem Element Wasser zugeordnet. Eine eingehende Horoskopanalyse kann weitere, verborgene Wasseraspekte ans Licht bringen.

»Wassermenschen« sind künstlerisch veranlagt. Oft sind sie musikalisch, selbst wenn sie nicht singen oder ein Instrument spielen, haben sie doch ein gutes Ohr und hören gerne Musik. Sie sind sanft, diplomatisch und wollen die Gefühle anderer Menschen nicht verletzen. Ihre Sichtweise vermitteln sie auf eine ruhige, subtile Art und Weise. Sie sind von Natur aus intuitiv und nehmen sofort feine Nuancen wahr, die andere vielleicht gar nicht spüren.

Wassermenschen sind flexibel, anpassungsfähig und von anderen leicht zu beeinflussen.

Sie sind emotional, sensibel und haben eine reiche Fantasie. Weil sie aber vielseitig talentiert sind, finden sie es oft schwer, ihre Bemühungen auf einen Schwerpunkt im Kreativbereich zu konzentrieren.

Das Wasserelement spiegelt sich auch in der Konstitution wider. Wenn dieses Element im Körper vorherrscht, scheint alles gerundet zu sein.

Diese Menschen speichern häufig verstärkt Wasser im Körper und haben eine langsame Verdauung, was ihnen üppigere Formen verleiht, die durch eine Vorliebe für Süßes noch gefördert werden.

Auch wenn sie wohlbeleibt wirken, bewegen sie sich doch anmutig und fließend. Große sportliche Aktivitäten sind nicht ihre Vorliebe, sie mögen jedoch das Wasser und sind nicht selten gute Schwimmer. Auch das Tanzen liegt ihnen. Dichtes, gewelltes Haar und große, weiche, von langen Wimpern umrahmte Augen sind weitere typische Konstitutionsmerkmale.

Kapitel 3 Der eigene Brunnen

Sie haben nun viele Brunnen kennen gelernt und vieles über die Wirkungen des Feng Shui erfahren. Hier kurz noch einmal die wichtigsten Vorteile eines Brunnens:

- Er zieht Qi an.
- Er lädt die Luft mit negativen Ionen auf.
- Er aktiviert die Acht Lebensziele im Feng Shui, wenn er bewusst platziert wird.
- Er verstärkt die Kraft von Feng-Shui-Symbolen.
- Er kann von erfahrenen Feng-Shui-Beratern für geomantische Zwecke und für fortgeschrittene Feng-Shui-Maßnahmen eingesetzt werden.

Zimmerbrunnen sind je nach Größe und Gestaltung in vielen Preislagen erhältlichl.

Sie können mit einem kleinen, fertig arrangierten Schalenbrunnen beginnen, den Sie in vielen Gartencentern, Kaufhäusern oder im Versandhandel angeboten bekommen. Diese Art von Brunnen ist bereits anschlussfertig: Sie brauchen nur noch Wasser einzufüllen und die Pumpe anzuschließen. Sind Sie erst einmal »brunnensüchtig« geworden – bei mir in der Wohnung plätschert in fast jedem Raum ein Brunnen – werden Sie sich nicht mehr mit einem fertig gekauften Brunnen begnügen wollen. Sie können das gute Stück individualisieren, indem Sie ihn zusätzlich dekorieren oder in ein größeres Gefäß setzen, das Sie bepflanzen. Oder Sie besorgen sich die einzelnen Bauteile und das Zubehör in Fachgeschäften, um eine sprudelnde Kraft zu gestalten, die im wahrsten Sinne des Wortes Sie selbst widerspiegelt. Aufwendigere Anlagen, wie beispielsweise in die Wand eingelassene Brunnen, sollten Sie von einem Fachmann einbauen lassen. Wichtige Kriterien für Ihren Brunnen sollten unter Umständen nicht nur Größe und Design sein, sondern auch eine pflegeleichte Installation. Manch frisch gebackener Brunnenliebhaber erlebt zuerst einmal eine Enttäuschung, wenn die heiß geliebte Oase trockengelaufen ist, weil er zu lange unterwegs war oder nicht darauf geachtet hatte, rechtzeitig Wasser nachzufüllen. Oder die Pumpe ver-

stopft und gibt ihren Geist auf, weil er keine Lust gehabt hatte, den hübschen Blickfang aufwendig zu reinigen.

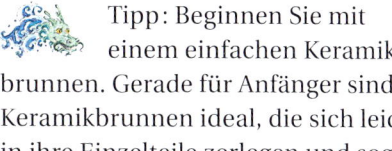 Tipp: Beginnen Sie mit einem einfachen Keramikbrunnen. Gerade für Anfänger sind Keramikbrunnen ideal, die sich leicht in ihre Einzelteile zerlegen und sogar in der Spülmaschine waschen lassen.

Wassereffekte

· ·

Stellen Sie sich vor Ihrem geistigen Auge Ihre Wasserquelle vor. Wie tritt das Wasser aus, wie fließt es? Auf die Form und das entstehende Wassergeräusch kommt es an. Bei Zimmerbrunnen gibt es eine Reihe von Möglichkeiten, um besondere Effekte zu erzielen. Grundsätzlich gilt: Je belebter das Wasser ist und je reichlicher es fließt, desto stärker ist die Feng-Shui-Wirkung.

Einfacher Wasseraustritt

In der einfachsten Form tritt das Wasser über den Pumpenschlauch oder Pumpenstutzen aus und verteilt sich – der Schlauch befindet sich entweder in der Mitte einer Keramikform oder einer Steinplatte, so dass das Wasser sich zu allen Seiten verteilen kann. Oder es strömt aus dem verdeckten Schlauch wasserfallartig über einige Steine. Man spricht von einem Rieselbrunnen.
Das Wassergeräusch ist je nach Pumpeneinstellung unhörbar oder es entsteht ein sanftes Plätschern. Diese Art von Brunnen symbolisiert Überfluss

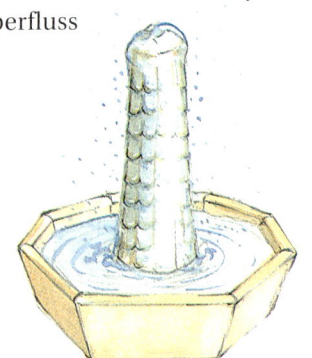

Einfacher Springstrahl

Der Schlauch kann am Ende eines Tierkopfes (Speier) austreten – man spricht von einem Springstrahl. Dabei entsteht eine erhöhte Spritzgefahr und ein lautes Wassergeräusch, das störend wirken kann. Arrangieren Sie gegebenenfalls einige Steine so, dass sie den Strahl am Ende feiner verteilen und das Plätschern leiser wird.

Für Feng-Shui-Zwecke sollten immer mehrere, möglichst kräftige Springstrahlen vorhanden sein – ein einzelner dünner Strahl symbolisiert Armut und Energielosigkeit.

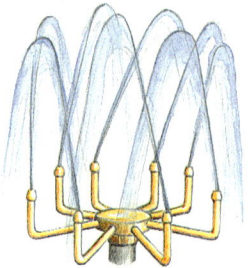

Fontänenstern

Das Wasser tritt über mehrere feine strahlenförmig angeordnete Düsen aus. Der Ionisierungseffekt ist sehr hoch und es wird viel Qi-Energie angezogen. Das Wassergeräusch kann je nach Einstellung recht laut oder fast geräuschlos sein sein. Achten Sie auf eine ausreichend große Brunnenschale, um Spritzer zu vermeiden.

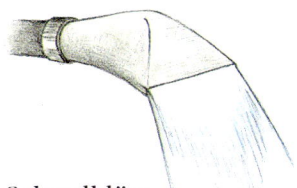

Schwalldüse

Das Wasser tritt in einem breiten Strahl aus. Diese Düse ist gut geeignet, um einen Wasserfalleffekt zu erzielen. Es ertönt ein kräftiges Plätschern.

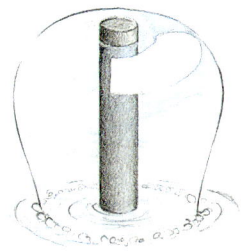

Wasserglocke

Das Wasser breitet sich schirmartig aus, die Wasserenergie ist sehr sanft. Am schönsten sieht meines Erachtens eine geschlossene Wasserglocke aus. Je nach Einstellung und Wasserstand hören Sie fast nichts oder ein sanftes Plätschern.

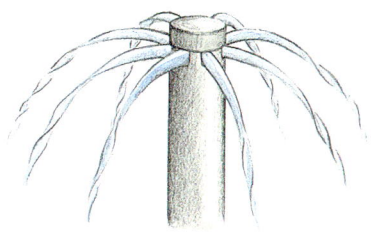

Achtfacher Springstrahl (8-Strahler)

Es entstehen acht kleine Springstrahlen, die zu allen Seiten austreten. Hier ist der Wasserstand wichtig: Sobald er niedriger ist, wird das Plätschern lauter und wirkt stark belebend.

Schaumsprudler/Quellsprudel

Das Wasser steigt in Form eines Schaumkopfes auf. Diese Düse ist nur für größere Brunnen erhältlich. In einem größeren Wasserbecken sieht es schöner aus, wenn mehrere, zumindest drei, Sprudelköpfe vorhanden sind. Es entsteht ein anregendes Rauschen.

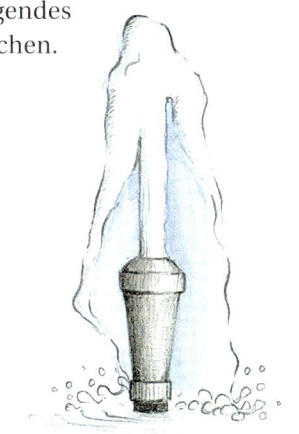

Tipp: Die im Handel erhältlichen Pumpen und Düsenaufsätze sind meist schwarz. Das kann von Vorteil sein, wenn es sich um ein offenes Wasserbecken in einer dunklen Farbe handelt, in dessen Mitte die Pumpe eingesetzt ist. Je dunkler die Gehäusefarbe, desto weniger fällt sie auf. Wenn Ihnen die schwarzen Sprühköpfe oder durchsichtigen Schläuche aber nicht gefallen, können Sie sie mit einer wasserfesten Farbe, z.B. Acrylfarbe, bunt bemalen oder besprühen.

Zubehör

Ganz nach Ihrem Geschmack können Sie Ihren Brunnen weiter verschönern und hervorheben. Auch dafür stehen viele Accessoires zur Verfügung.

Die Beleuchtung

Eine gute Beleuchtung lässt Ihren Brunnen in vollem Glanz erstrahlen. Einzelne Spots mit herkömmlichen Glühlampen oder eine Halogenlampe (am besten mit einem Dimmer ausgestattet) können besondere Akzente setzen. Pflanzen in dunkleren Ecken bekommen genügend Licht und das Wasser kann schön glitzern.
Sie können in der Regel unter diversen Brunnentypen wählen, die bereits mit einer Beleuchtung ausgestattet sind. Es gibt auch Pumpenmodelle, bei denen eine kleine Halogenlampe in den Auslassstutzen eingelassen ist.

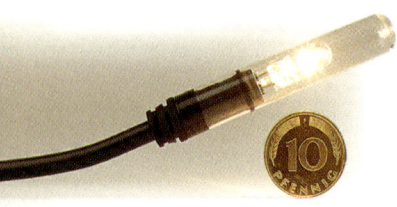

Bei schwacher Raumbeleuchtung oder in einem dunklen Gang wirkt ein solcher Brunnenplatz wie eine romantische Oase. Im Fachhandel finden Sie kleine Halogenlampen, die über und unter Wasser einsetzbar sind und beispielsweise bei Landschaftsbrunnen eine lebendige Stimmung erzeugen. In Neblergeräten sind ebenfalls kleine Scheinwerfer eingebaut – sie zaubern eine mystische Atmosphäre in Ihre Brunnengrotte.

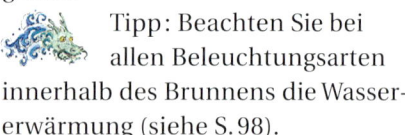 Tipp: Beachten Sie bei allen Beleuchtungsarten innerhalb des Brunnens die Wassererwärmung (siehe S. 98).

Angenehm gedämpftes Licht bietet eine in der Nähe des Brunnens angebrachte Lichterkette. Vorsicht: Installieren Sie die Lichterkette so, dass sie auf keinen Fall mit dem Wasser in Berührung kommt.

Kerzen oder Teelichter in der Nähe des Brunnens zaubern schöne Lichtreflexionen auf dem Wasser. Bei einer größeren Wasserfläche können Sie auch Teelichter in speziellen Kerzenhaltern aus Glas schwimmen lassen, die mehr Sicherheit als herkömmliche Schwimmkerzen bieten.
Nach den Regeln des Feng Shui stehen die Elemente Feuer und Wasser zwar in Konflikt, aber das Feuer – repräsentiert durch einige wenige Kerzen – wird von der größeren Wassermenge dominiert. Hier spricht man eher von einer Belebung des Wassers durch das Kerzenlicht.

Die Bepflanzung

Pflanzen lockern eine Brunnenlandschaft auf. Schon einige Blüten in der Brunnenschale machen alles viel frischer und lebendiger. Vom Wasserbecken getrennte Pflanzen sind unbedingt zu bevorzugen. Viele fertige Brunnen haben vom Wasserbecken abgeteilte Vertiefungen, in die Sie Minipflanzen einsetzen können. Diese eignen sich gut für die Zimmerbrunnengestaltung, sind allerdings kurzlebig und oft mit Wuchshemmstoffen behandelt. Ein häufiger Austausch ist somit notwendig. Verwenden Sie möglichst Pflanzen in Blumenerde, da diese im Gegensatz zur Hydrokultur die aus der Luft gefilterten Schadstoffe mit Hilfe der in ihr enthaltenen Mikroorganismen aufnimmt. Nur gesunde und kräftige Pflanzen ergeben eine sinnvolle Ergänzung zur Gestaltung von Zimmerbrunnen, die für Feng Shui eingesetzt werden. So wie die Pflege der einzelnen »nicht lebenden« Brunnenelemente von Bedeutung ist, spielt die Beschaffenheit der lebenden Pflanzen eine wichtige Rolle. Ist eine Pflanze erkrankt, sollte sie ausgewechselt werden. Faule Blätter und braune Triebspitzen sowie ins Wasser gefallene Blätter gehören regelmäßig entfernt.

Lockern Sie die Erde auf, so dass die Bepflanzung einen frischen Eindruck macht und sich Moosarten gar nicht erst ausbreiten können.

Am besten gedeihen Ihre Zimmerbrunnenpflanzen, wenn Sie sie mit lauwarmem Wasser gießen, mit Wasser mittels eines Verstäubers übersprühen und nur leicht düngen.

Besonders gut eignen sich Pflanzen mit gemäßigtem Lichtbedürfnis: schattig – halbschattig – hell. Wählen Sie Pflanzen aus, die in einer warmfeuchten und luftigen Umgebung gut gedeihen, da die Wasseraktivität des Brunnens die Luftfeuchtigkeit deutlich erhöht.

Wenn Sie Zimmerbrunnen mit Pflanzen gestalten, so spielt bei der Auswahl die Wuchsform der Pflanzen eine wichtige Rolle.

• Pflanzen mit einem steifen aufrechten Wuchs (z.B. Strahlenaralie) werden einzeln verwendet: Sie sind dominant und sollten nicht mit dem Brunnen konkurrieren.

• Pflanzen mit sanft überhängendem Wuchs (z.B. Bambus) ergeben für größere Brunnenanlagen eine wunderbare Ergänzung zu den aufrecht wachsenden Pflanzen – vor allem dann, wenn die Blattstruktur differiert und sich somit noch zusätzlich ein Spannungseffekt aufbauen kann.

• Die dritte Gruppe bilden die bodendeckenden Pflanzen (z.B. Bubiköpfchen), darunter ein großes Angebot an buntlaubigen Arten, die farbliche Akzente setzen können.

• Pflanzen, die sich für den Blütenschmuck eignen (z.B. Cyclamen, Usambara) erfreuen mit den unterschiedlichsten Blütenfarben.

Entfernen Sie verblühte Blütenreste und tauschen Sie abgeblühte Pflanzen aus, damit Ihr Brunnen immer einen frischen und gepflegten Eindruck macht.

Für Brunnen gut geeignete Pflanzen
(Botanischer Name in Klammern)

Steifer aufrechter Wuchs
Tüpfelfarn *(Phlebodium aureum)*
Nestfarn *(Asplenium nidus)*
Strahlenaralie *(Schefflera actinophylla)*
Zimmeresche* *(Radermachera sinica)*
Einblatt *(Spathiphyllum)*
Zimmerkalla *(Zantedeschia aethiopica)*
Blattbegonie *(Begonia-Rex-Hybride)*

Sanft überhängender Wuchs
Tradeskantie* *(Tradescantia)*
Zierspargel *(Asparagus-Arten)*
Birkenfeige *(Ficus bejamina)*
Frauenhaarfarn *(Adiantum)*
Schwertfarn *(Nephrolepsis exaltata)*
Tillandsie grün und grau *(Tillandsia)*
Zimmerbambus *(Pogonatherum paniceum)*

Bodendeckender Wuchs
Fittonie *(Fittonia verschaffeltii)*
Bubiköpfchen *(Soleirolia soleirolii)*
Kletterfeige* *(Ficus pumila)*
Zimmerefeu* *(Hedera)*
Punktblume *(Hypoestes phyllostachia)*
Glanzkölbchen *(Aphelandra squarrosa)*
Buntnessel *(Coleus-Blumei-Hybride)*

Blütenschmuck-Pflanzen
Blütenbegonie *(Begonia-Elatior-Hybride)*
Farben: rot, rosa, gelb, weiß
Alpenveilchen *(Cyclamen persicum)*
Farben: rot, rosa, violett, weiß
Usambaraveilchen *(Saintpaulia ionantha)*
Farben: blau, rosa, weiß

Um einen kompakten Wuchs der Pflanzen zu fördern, können Sie bei den mit * gekennzeichneten Pflanzen die Triebspitzen regelmäßig ausbrechen.

Tipp: Einen einfachen Keramikbrunnen können Sie neu dekorieren, wenn Sie ihn in eine größere bepflanzte Schale stellen (siehe Brunnenquerschnitt auf S. 110).

Steine zur Dekoration

Einige Brunnentypen werden mit kleineren Steinen aufgefüllt (siehe Partnerschaftsbrunnen auf S. 39 und Fünf-Elemente-Brunnen auf S. 26). Hier gibt es eine große Auswahl. Grundsätzlich gilt: Je abgerundeter die Steine, desto harmonischer ist die davon ausgehende Energie.

Schwimmende Keramikkugeln und eine Blattform, die das Kabel gelungen verdeckt.

- *Flusskiesel:* Diese können Sie selbst an einem schönen Ort sammeln.
- *Marmorkies:* Der weiße Carrara-Marmor wirkt besonders edel. Waschen Sie ihn vor dem Einlegen ins Brunnenbecken sehr gut aus, um den Kalkstaub zu entfernen.
- *Getrommelte Halbedelsteine:* Bunte Mischungen machen aus Ihrem Brunnen eine Schatzkammer. Eine weitere Möglichkeit besteht darin, die Steine nach den Elementen der Himmelsrichtungen farblich zu sortieren (wie beim Fünf-Elemente-Brunnen auf

S. 26). Edel und mystisch wirkt Bergkristall. Wenn Sie das Brunnengefäß damit füllen, können Sie ruhig größere Trommelsteine mit Einschlüssen verwenden, die preisgünstiger sind als die ganz klaren Bergkristalle.
- *Steine mit eingravierten Symbolen und »Wunschsteine«:* Ganz aktuell sind verschiedene Arten von Steinen (Kiesel, Marmor oder Halbedelsteine), in die Symbole wie Spiralen, der ägyptische Schlüssel des Lebens (Ankh) oder Tiere eingraviert sind. Ein Stein, der Worte wie »Liebe« oder »Kraft« trägt, erinnert Sie und motiviert Sie bei Ihren Zielsetzungen. Wenn Sie einen solchen bearbeiteten Stein kaufen, achten Sie darauf, dass er gleichmäßig geformt ist und sich in Ihrer Hand harmonisch anfühlt. Sie können einen Stein auch mit einer wasserfesten Farbe (z. B. Acrylfarbe) selbst beschriften oder bemalen.
- *Glassteine:* Sie sind kostengünstig und in vielen Farben zu haben. Besonders kräftig leuchten sie, wenn Sie unten in der Brunnenschale eine Unterwasserlampe anbringen.
- *Dekosteine aus Keramik oder Kunststoff:* Es gibt sehr hübsche Variationen, z. B. ca. 2 bis 3 Zentimeter große Muscheln, Fische oder Kugeln, die sich wunderbar für einen Brunnen eignen.

Legen Sie alle Steine vor der Verwendung einen oder mehrere Tage lang zur Reinigung in ein großes Gefäß mit Wasser, das täglich erneuert wird. Alle Steine sollten regelmäßig mit warmem Wasser gereinigt werden.

 Tipp: Weniger empfindliche Steine wie Marmorkiesel und Glassteine unterziehe ich gelegentlich einem Spülmaschinengang im Besteckkorb. Vor dem Einlegen ins Brunnenbecken spüle ich sie nochmals ab, um Spülmittelreste zu entfernen und zu verhindern, dass das Wasser zu schäumen beginnt.

Die Symbolik von Brunnenaccessoires

Praktisch jeder Gegenstand trägt einen Symbolwert. Im Feng Shui wird häufig mit Symbolen und der entsprechenden Absicht gearbeitet. Je nach Brunnengestaltung können Sie damit bewusst Akzente setzen. Nachfolgend finden Sie einige Anregungen aus dem östlichen und westlichen Kulturkreis.

Bambus
Eine immergrüne Pflanze: ein Symbol für Langlebigkeit und Bescheidenheit. Bambus fühlt sich in der Nähe des Wassers sehr wohl und muss gut feucht gehalten werden.

Bergkristall
Dieser klare, reine Quarz wird in einigen Kulturen als »gefrorenes Wasser« bezeichnet. Er wirkt als Energieverstärker und hat eine starke Schutzwirkung, da er schädliche Strahlungen streuen kann. Wenn Sie Bergkristalle als Trommelsteine in den Brunnen legen, beleben sie das Wasser.

Ein größeres Stück eines Bergkristalls eignet sich auch als Aufsatz auf einem Neblergerät, er verfeinert die Energien des Wassernebels. Reinigen Sie Ihren Bergkristall, indem Sie ihn für zwei bis drei Tage in eine Schale Wasser legen. Dann können Sie ihn in die Hand nehmen, Ihre persönlichen Ziele programmieren und den Stein in den entsprechenden Bereich nach dem System der Acht Lebensziele legen.

Blumen

Blumen sind ein Symbol der Liebe. Sie ziehen kosmisches Qi an, selbst wenn sie unecht sind, z. B. aus Seide.

Diese Seidenblumen oder Kunststoff-
blumen bzw. -pflanzen sollten von
guter Qualität sein. Echte Blumen
sind allerdings immer besser. Frische
Blüten sehen sehr schön aus, wenn
sie in der Auffangschale schwimmen
und immer wieder neu vom herabflie-
ßenden Wasser befeuchtet werden.
Sie sollten entfernt werden, sobald sie
zu welken beginnen. Bunte Blumen
können in allen Bereichen eingesetzt
werden.

Buddha
Die Buddha-Figur steht für Weisheit,
Fülle, Reichtum (insbesondere der
dicke Buddha) und Glück.

Delphine

Delphine versinnbildlichen Klugheit,
Kommunikation, Fürsorglichkeit und
eine liebevolle Umgangsweise mit
anderen Menschen und Lebewesen.
Ein Delphinpaar ist ein schönes
Symbol für Partnerschaft.

Drache
Im Gegensatz zur europäischen
Mythologie ist der Drache in der chinesischen ein gutmütiges Tier. Er
reitet auf den Wolken und steht für
den Sonnenaufgang, das Wachstum,

den Regen und die Himmelsrichtung
Osten. Daher ist er auch ein passen-
des Symbol für einen Brunnen im
Osten.
Drache und Phönix als Paar repräsen-
tieren Mann und Frau.

Edelsteine und Halbedelsteine
Sie bedeuten Kraft, Schätze, Kostbar-
keiten. Getrommelte und geschliffene
bunte Steine bilden einen schönen
Blickfang. Wenn Sie mehr wissen
wollen, studieren Sie die Fachliteratur, um Ihre Steine gezielt nach ihrer
Wirkung auszuwählen.

Eier
Eier sind ein Fruchtbarkeitssymbol
und können zur Aktivierung des Bereiches »Kinder« verwendet werden.
Verwenden Sie einen oder mehrere
eiförmige Steine als Dekoration.

Elfe
Dieses zarte Wesen steht für die
übersinnlichen Kräfte der Seele.
Elfen verfügen über Schätze und symbolisieren die unterschiedlichen
Entwicklungsstufen der Seelenland-
schaft.

Es gibt Wasserelfen, Baumelfen etc.
(siehe Literaturhinweis auf S. 119). Die
Engländerin Cicely Mary Barker malte
in den zwanziger Jahren wunderschö-
ne Blumenelfen, die als Vorlagen für
sehr schön gearbeitete kleine Figuren
dienten. Diese sind hervorragend als
Dekoration für Brunnen geeignet (siehe den Elfenbrunnen auf S. 33) und
auch bei Kindern sehr beliebt.

Engel
Engeln werden im westlichen Kulturkreis Schutzfunktionen zugespro-
chen. Sie stehen für die unsichtbaren
Kräfte, für Schutz und das Göttliche.

Ente
Figuren dieses Wasservogels werden
häufig als Speier verwendet.
Da Mandarin-Entenpaare zeitlebens
zusammenbleiben, stehen sie im
Chinesischen für eheliches Glück.
Als einzelner Wasserspeier haben
Enten keine spezielle Bedeutung.

Felsgestein
Gestein steht für Festigkeit und
Beständigkeit. In der chinesischen
Miniaturlandschaft wirken Gesteins-
stücke wie Berge, wenn sie entsprechend platziert sind. In der Landschaft hat der still stehende Felsen
Yang-Qualität, während das Wasser,
das in Bewegung ist, Yin-Qualität
besitzt: Somit ergänzen sich Wasser
und Steine.

Fisch
Das Wort für Fisch ist im Chinesischen gleichlautend mit »Überfluss«
(yü), also ist der Fisch ein Symbol des
Reichtums. Ein Fisch zusammen mit
Lotosblüten besagt: »Mögest du Jahre
über Jahre im Überfluss leben.« Der
Fisch ist im Osten wie im Westen eine
sehr beliebte Speierfigur.

Frosch
Ein Frosch steht im Feng Shui für
kühle Wasserenergie. Im Westen
finden wir den »Froschkönig« als
Transformationssymbol.

Füllhorn
Dieses Symbol repräsentiert Fruchtbarkeit und Überfluss.

Krug
Gefäße stehen für Empfangen und
Geben sowie für das Weibliche. Ein
einzelner Krug, aus dem Wasser fließt,
bedeutet, dass es immer genug gibt.
Das Gefäß symbolisiert jedoch auch
Beschränkung – es kann nicht mehr
geben, als der Krug fassen kann.

Kranich
Dieser Vogel gilt als Sinnbild für
Langlebigkeit und Weisheit. Er wird
oft zusammen mit Kiefer und Stein
als dreifaches Symbol des langen
Lebens dargestellt.

Kuan Yin

Kuan Yin ist die Göttin der Heilung
und des Mitgefühls. Ihr chinesischer
Name bedeutet »den Ton der Welt
betrachtend«. Sie schenkt Kinder-
segen und ist Schutzpatronin der See-
fahrer. Allen, die von Wasser, Feuer,
Dämonen und dem Schwert bedroht
werden, ist sie eine Schutzgöttin.
Im Buddhismus ist sie die weibliche
Form des Buddhas »Liebevolle
Augen« und findet im Christentum
ihre Entsprechung in der Figur der
Maria.

Lotos

Er wächst aus dem Schmutz und Schlamm empor und erblüht in Reinheit: ein Symbol der Unendlichkeit und des Gleichgewichts der Yin-Yang-Energien.

Die Wurzeln unter Wasser stehen für die Unvergänglichkeit und die Kraft aus der Tiefe. Der geschwungene Stängel unter Wasser symbolisiert die Nabelschnur des Lebens. Die Blüte über dem Wasser bedeutet »Verwirklichung im Licht«.

Münzen und Goldbarren

Sie repräsentieren Wohlstand. Am wirkungsvollsten sind goldfarbene Münzen oder gar echte Goldmünzen, die direkt in die Brunnenschale hineingelegt werden. Werfen Sie eine Münze in den Brunnen und verbinden Sie einen Wunsch damit. Auch Nachbildungen von Goldbarren eignen sich als schönes Reichtumssymbol.

Muscheln und Schnecken

Die Muschel gilt als Symbol des Mondes, der Weiblichkeit und Fruchtbarkeit. Im chinesischen Buddhismus ist sie eines der acht Glückssymbole. Einzelne große Muscheln bilden einen Blickfang, schön sind auch kleine, egal ob echt oder aus transparentem Kunststoff, die anstelle von Kieseln oder Trommelsteinen ins Wasser gelegt werden.

Pagode

Die Pagode ist ein Tempel des Wissens und der Weisheit, der Ruhe und Stille. Sie steht für das Studium und die Kraft des Geistes. Ihr geschwungenes Dach bildet die Verbindung zum Göttlichen.

Rosenquarz

Dieser Stein stärkt die Herzenergie und die Liebe. In der Mythologie gilt er als Fruchtbarkeitsstein und dient auch zum »Liebeszauber«. Damit passt er sehr gut in die Partnerschaftsecke (siehe Acht Lebensziele, S. 65). Verwenden Sie Trommelsteine oder in Herzform geschliffene Rosenquarze.

Schildkröte

Die Schildkröte gilt im chinesischen Kulturkreis als Symbol für Langlebigkeit. In China sagt man, dass sie die »Geheimnisse des Himmels und der Erde« birgt. Im Feng Shui steht sie für Stabilität, die Rückendeckung und den schützenden Berg hinter dem Haus (siehe S. 60).

Vogel

Als Symbol steht etwas Geflügeltes für die Seele, die Luft, für eine Gottheit und höhere Bewusstseinszustände. Für die Chinesen bedeuten vor allem singende Vögel Glück.

Zahlen

Die Zahl Acht hat im Chinesischen eine besondere Bedeutung – in bestimmten Dialekten ist sie von der Aussprache her gleichbedeutend mit dem Wort für Wohlstand. Auch in der westlichen Kultur hat die Acht einen positiven Charakter – sie steht für Unendlichkeit und Harmonie. In der angewandten Kinesiologie arbeitet man sehr viel mit dem Symbol der Acht – man zeichnet sie beispielsweise über dem Körper nach, um ihn zu harmonisieren. Fährt man mit den Augen die Form einer Acht nach, wirkt das entspannend und synchronisiert die Gehirnhälften.

Auch als Brunnenornament kann die Acht verwendet werden - als einfache Zahl, oder als doppeltes oder dreifaches Symbol.

Weitere Zahlenbedeutungen:
Drei – Lebendigkeit, Fünf – Die Fünf Elemente, Neun – Vollendung.

Brunnen und Düfte

Wohlriechende Düfte gelten als Nahrung und Belebung für Seele und Geist; denken Sie nur an die Paradiesgärten der indischen Mogule, in denen das Wasser mit Rosenwasser und Rosenblüten versetzt ist. Ein solches Paradies in Miniaturformat können Sie genießen, wenn Sie dem Brunnenwasser ätherische Öle oder Hydrolate wie z. B. Orangenblütenwasser zusetzen.

Duftbrunnen erfüllen mehrere Zwecke: Als Luftbefeuchter reinigen sie die Atmosphäre und steigern Wohlbefinden und Kreativität durch aromatisierte Raumluft. Je nach Duftöl schaffen die Brunnen neue Impulse, beleben, wirken harmonisierend oder inspirierend. Darüber hinaus haben ätherische Öle noch eine weitere Funktion – sie helfen, die Luft zu desinfizieren.

In einem Experiment untersuchte Prof. Griffon, Mitglied der französischen pharmazeutischen Akademie, die Reinheit der Luft. Mit Hilfe eines Zerstäubers wurden verschiedene ätherische Öle versprüht. Man bestimmte vorher und nachher die Vitalität der Krankheitskeime. Bereits nach 30 Minuten ließen sich nur noch vier der ursprünglich 210 verschiedenen Bakterien nachweisen, wobei sämtliche Schimmelpilze und Staphylokokken-Kulturen vernichtet waren.

Verwenden Sie leicht zu reinigende Keramikbrunnen ohne empfindliche Accessoires wie Steine, Muscheln oder Pflanzen – sie sollten mit ätherischen Ölen oder Hydrolaten nicht in Kontakt kommen. Die genannten Öle und Hydrolate können auch bei Wasserschalen mit Neblergeräten sparsam eingesetzt werden. Ätherische Öle, die Sie im Brunnen verwenden möchten, sollten hell und dünnflüssig sein. Nehmen Sie keine harzigen oder zähflüssigen Öle: Die Pumpe würde schnell verkleben und aussetzen, und es würden sich zähe, klebrige Ölbeläge auf der Brunnenoberfläche festsetzen.

Die empfohlene Menge beträgt in der Regel maximal 10 Tropfen Öl auf zwei bis drei Liter Brunnenwasser pro Tag für einen Raum von ca. 30 Quadratmetern. (Geben Sie das Öl in das am Brunnenkopf herabfließende Wasser.)

Zur Wohnraumaromatisierung mit dem Duftbrunnen eignen sich vor allem dünnflüssige Zitrus- und Minzöle. Sie sind besonders zu empfehlen, da sie bestimmte Inhaltsstoffe (sog. Monoterpene) enthalten, die die Fähigkeit besitzen, verbrauchte Luft in geschlossenen Räumen zu reinigen und zu ionisieren. Außerdem wirken sie antibakteriell, was speziell bei Erkältungen und einem schlecht funktionierendem Immunsystem äußerst hilfreich ist.

Rosen- und Jasminöle verströmen die Düfte für »besondere Stunden«. Hier reicht ein einziger Tropfen für einen Raum von ca. 30 Quadratmetern.

Im Folgenden finden Sie eine für Duftbrunnen geeignete Auswahl ätherischer Öle. Bevorzugen Sie naturreine Öle, die aus Pflanzen aus kontrolliert biologischem Anbau hergestellt werden. Auch Mischungen dieser Öle oder fertige Duftmischungen können verwendet werden.

Bergamotte (Zitrus bergamia)

Das Bergamotteöl gilt als der »Edelstein« unter den Zitrusdüften und ist ein Klassiker gegen Stress. Der Duft erfrischt nicht nur und fördert die Konzentration, sondern hat auch eine ausgleichende Wirkung.

Grapefruit (Zitrus paradisii)

Der kräftige, frisch-fruchtige Duft hat die Sonne gespeichert, er wirkt stimmungsaufhellend. Das Öl »klärt« die Raumatmosphäre.

Jasmin (Jasminum grandiflorum)

Jasminöl ist ein sehr weibliches Öl und gehört zu den kostbarsten Düften überhaupt. Es beseitigt Ängste, wirkt betörend und sinnlich. Jasmin in vierprozentiger Verdünnung ist ein sehr intensiver Duft und braucht nur Mini-Dosen - ein Tropfen ist bereits ausreichend.

Lavendel (Lavandula angustifolia)

Lavendelöl duftet frisch und blumig. Es beruhigt die Nerven, stärkt die Abwehrkräfte und hat eine stark antiseptische Wirkung.

Lemongrass (Cymbopogon flexuosus)

Es wirkt konzentrationssteigernd, anregend und tonisierend. Der Lemongrassduft ist etwas »dunkler« als der der Zitrone. Er gibt verbrauchter Raumluft innerhalb kürzester Zeit wieder Frische.

Myrte (Myrthus communis)

Der kräftige Duft verteilt sich schnell im Raum, er wirkt klärend, stärkend, aufbauend und regt die Atmung an.

Orange (Zitrus sinensis)

Der Duft wirkt warm und heiter und ist auch bei Kindern sehr beliebt. Wie alle Zitrusdüfte wirkt Orangenöl konzentrationsfördernd.

Pfefferminze (Mentha piperita)

Das Öl wirkt klärend, erfrischend und kühlend und ist ein Impulsgeber bei Antriebsschwäche oder Erschöpfung. Es hat eine stark konzentrationsfördernde Wirkung.

Riesentanne (Abies grandis)

Das harzig duftende Öl aktiviert die Atmung, stabilisiert und klärt. Es kann gut mit Zitrusessenzen gemischt werden.

Rose Alba (Rosa alba)

Die »weiße« Rose ist eine der ältesten Rosenarten. Der Duft ist berauschend und zart zugleich. Im Handel sind Abfüllungen in einer 10%-Verdünnung erhältlich, die für den Duftbrunnen vollkommen ausreichend ist.

Rose, marokkanisch
(Rosa damascena)

Herznoten wie die Rose haben eine langsamere Schwingung und duften sehr intensiv. Wirkung: entspannend und sinnlich.

Rosmarin (Rosmarinus officinales)

Das Öl wirkt anregend. Der markante Duft ist kräftig, lange anhaltend, verbreitet sich schnell im Raum und verleiht ihm eine angenehme Frische.

Weißtanne (Abies alba)

Eines der schönsten Nadelholzöle, der an den Weihnachtsbaumduft erinnert. Es belebt Körper und Geist und wirkt wohltuend auf die Atmungsorgane.

Zitrone (Zitrus limonum)

Der Zitronenduft wirkt als »Energiedusche«, er macht hellwach, regt geistig an, fördert die Konzentrationskraft. Zitronenöl führt dazu, Licht, Töne, Düfte und andere Reize bewusster wahrzunehmen. Es hat eine stark keimtötende Wirkung.

Hydrolate

Hydrolate enthalten die wasserlöslichen Bestandteile der destillierten Pflanze, sie bestehen aus 99 Prozent Wasser und 1 Prozent ätherischer Öle. Wenn Sie naturreine ätherische Öle zusammen mit Hydrolaten ins Wasser geben, erhalten Sie ein erweitertes »Duftspektrum«. Auf 2 bis 3 Liter Brunnenwasser können Sie ca. 100 Milliliter Hydrolat und ein bis mehrere Tropfen Öl hinzugeben. Wenn Sie sich einmal besonders verwöhnen möchten, ist es auch möglich, das normale Brunnenwasser vollständig durch ein Hydrolat zu ersetzen. Danach sollte der Brunnen jedoch gründlich gereinigt werden.

Rosenhydrolat

Wenn Sie ätherisches Rosenöl mit Rosenwasser mischen, haben Sie fast das gesamte Duftspektrum einer Rose. Es gibt sehr schöne Duftmischungen, die Rosenöl als Basis haben. Sie ergänzen sich ebenfalls sehr gut mit Rosenwasser.

Orangenblütenhydrolat

Beim Orangenblütenhydrolat ergänzt sich der Duft der Orangen- mit dem der Neroliblüten. Einige Tropfen Zitronen- oder Grapefruitöl verstärken diese Duftkombination.

Wasserpflege und Brunnenreinigung

In seinem natürlichen Kreislauf findet man Wasser in Form von Wasserdampf in den Wolken, als Regen fällt es auf die Erde herab, um sich dort in Bächen, Flüssen und Seen zu sammeln. Es dringt durch viele Erdschichten, nimmt Mineralien und andere Informationen auf und verwirbelt im Bach- oder Flussbett, ist Luft und Sonne ausgesetzt und wird auf diese Art und Weise wieder aufgeladen. Im Gegensatz dazu wird es in von Menschenhand verlegten gerade verlaufenden Rohren elektrostatisch aufgeladen, mit Chlor und anderen Chemikalien versetzt oder muss in Flaschen »abstehen«, bis es schließlich konsumiert wird. Als sensibler Informationsträger nimmt es in diesen künstlichen Wasserläufen stagnierende und negative Energien auf und verliert an Lebendigkeit.

In alten Zeiten wurden viele Brunnen noch mit Frischwasser betrieben, was ihnen eine ganz besondere Energie verlieh. Heutzutage ist das jedoch kaum noch üblich und angesichts des immer knapper werdenden Trinkwassers kaum mehr vertretbar. Genießen können Sie diese ursprüngliche Energie noch an manchen Orten im Wald oder im Gebirge, wo die hauseigene Quelle angezapft wird und das erfrischend eiskalte Wasser in einen Holztrog hineinplätschert.

Das Wasser, das in Zimmerbrunnen eingefüllt wird, hat als Reinigungsmedium und Informationsträger eine schwere Aufgabe zu bewältigen. Eine begrenzte Menge Wasser – etwa 3 bis 6 Liter bei Tischbrunnen – wird unentwegt über eine Pumpe umgewälzt. Ständig tritt das Wasser an der Springbrunnendüse oder am Ende des Pumpenstutzens aus, strömt an einer Oberfläche hinab, landet im Auffangbecken oder -behälter und wird erneut von der Pumpe angesaugt. Dabei nimmt es Staub- und Schmutzpartikel sowie feinstoffliche Informationen aller Art auf und speichert nicht zuletzt die elektromagnetische Strahlung der Pumpe und des Kabels.

Daher ist es kein Wunder, dass schon nach kurzer Zeit Verunreinigungen auftreten: Das Wasser wird trüb, es riecht sumpfig, und am Brunnen selbst, an den Schalenrändern, der Pumpe sowie an Dekorationsgegenständen und Pflanzen zeigen sich Ablagerungen in Form von Kalk, einem schmierigem Film, der durch Schleimalgen entsteht. Insekten, die sich in die Fluten verirrt haben, ziehen ihre Kreise und sollten schnell herausgefischt werden.
Ein Belag kann sich auch bilden, wenn der Brunnen ganz neu ist und die Bauteile vor der Installation nicht ausreichend abgewaschen oder ausgespült worden sind.

Nach meiner Erfahrung sollte bei einem kleinen Brunnen mit geringem

Fassungsvermögen (ca. 3–7 Liter) das Wasser mindestens wöchentlich ausgetauscht und alle zwei Wochen eine komplette Reinigung durchgeführt werden. Der Grund dafür ist folgender: Bei einem kleinen Wasserbehälter erwärmt sich durch den Betrieb der normalen 230-V-Pumpen das Wasser. Beträgt die Wassertemperatur mehr als 18,5 Grad, erhöht sich das Keim- und Bakterienwachstum beträchtlich. Wird das Wasser in einem winzigen Brunnenbecken (ca. 2 bis 3 Liter) auch noch durch eine in das Wasser getauchte Halogenlampe auf »Badewannentemperatur« gebracht, vermehren sich die Keime explosionsartig. Nicht umsonst sind Zimmerbrunnen deshalb als »Keim- und Bakterienschleudern« in Verruf geraten. Gerade bei kleinen Brunnen sind regelmäßiger Wasserwechsel und mechanische Reinigung – d. h. gründliches Abspülen der Brunnenteile, Bürsten des Quellsteins usw. – immer noch die beste Vorkehrung gegen eine Verschmutzung und Verkeimung des Brunnens.

Beobachten Sie Ihren neuen Brunnen in den ersten Wochen sehr genau, um den Wasserverbrauch einschätzen zu lernen. Steht er in der Nähe der Heizung oder gar in der Sonne, kann er sehr schnell trockenlaufen.
Das zu wissen und zu bedenken ist besonders wichtig, wenn Sie einige Tage verreisen wollen. So wird beispielsweise berichtet, dass ein Brunnen, der nach Feng Shui im Bereich »Projekte« aufgestellt war und der während einer Geschäftsreise austrocknete, sich negativ auf die Geschäfte ausgewirkt hat.
Je nach Fassungsvermögen sollte alle 2 bis 3 Tage Wasser nachgefüllt werden, und zwar bis knapp unter den oberen Rand: Ein voller Brunnen ist ein Symbol für Fülle und Überfluss.

Tipp: Wenn Sie Ihre Pflanzen gießen, »gießen« Sie Ihren Brunnen gleich mit. Verwenden Sie dafür ein separates Gefäß, z. B. einen sauberen Glaskrug, denn in der Gießkanne siedeln sich häufig Algen und Schimmel an. Haben Sie Ihren Brunnen nach den Acht Lebenszielen im Feng Shui platziert (siehe S. 65), stellen Sie sich beim Gießen vor, wie Sie damit Ihre Partnerschaft, Ihre Projekte oder einen anderen Aspekt pflegen und nähren. Durch dieses Denken verstärken Sie die Wirkung Ihrer sprudelnden Quelle. Je sauberer das Wasser, desto positiver das durch den feinen Wasserstaub verteilte Qi.

Brunnentaugliche Wasserarten

Nachfolgend finden Sie eine Übersicht zu verschiedenen brunnentauglichen Wasserarten.

Wasser aus der Kaltwasserleitung
Es ist zwar am einfachsten, den Brunnen mit Wasser aus der Kaltwasserleitung aufzufüllen. Je nach

Wasserqualität kann das jedoch innerhalb kurzer Zeit viele Kalkrückstände und Ablagerungen im Brunnen mit sich bringen und damit einen hohen Reinigungsaufwand verursachen. Verwenden Sie in diesem Fall zumindest ein Wasserbelebungsgerät oder werten Sie das Wasser auf andere Weise auf (siehe unten).

Wasser aus der Heißwasserleitung oder abgekochtes Wasser

Wenn Sie den Heißwasserhahn eine Weile nicht benutzt haben, kommen die ersten Liter kalt aus der Leitung, aber auch wärmeres Wasser schadet der Pumpe und einfachen Keramikbrunnen nicht. Bei einer Bepflanzung oder bei kostbaren Dekorationen wie Muscheln oder Halbedelsteinen ist es jedoch wichtig, heißes Wasser unbedingt abkühlen zu lassen, da diese Accessoires hitzeempfindlich sind. Heißes Wasser aus dem Boiler bietet einen großen Vorteil: Der Brunnen verkalkt weniger hartnäckig, denn der Kalk fällt bei 62°C bereits aus. Das Gleiche geschieht, wenn Sie Wasser abkochen. Das bedeutet allerdings nicht, dass Sie vor Kalkablagerungen völlig verschont bleiben.

Gefiltertes Wasser

Die meisten handelsüblichen Wasserfilter halten Kalk und einige Schadstoffe zurück. Dieses Filterwasser bekommt Brunnen gut, da sie dadurch praktisch nicht verkalken können.

Je nach Standort können sie aber schnell veralgen und verschleimen, d. h. sie müssen natürlich trotzdem gewartet werden.

Destilliertes Wasser

Es hat sehr stark reinigende Eigenschaften, weil ihm sämtliche Mineralien und andere Stoffe entzogen wurden. Destilliertes Wasser kann mit einem leeren Zug verglichen werden, d. h., die Passagiere bzw. Mineralien fehlen. Deshalb nimmt es besonders gut Staub- und Schmutzpartikel auf, was zur Bildung von Schleimalgen führen kann. Ein mit destilliertem Wasser betriebener Brunnen lässt sich jedoch sehr gut und schnell reinigen, da er nicht verkalkt und weniger hartnäckige Beläge bildet. Empfindliche Accessoires wie Halbedelsteine oder Muscheln werden allerdings auf Dauer sehr stark »ausgelaugt«. Destilliertes Wasser mindert den Ionisierungseffekt. Daher sollte dieses Wasser nur für sehr empfindliche Brunnenoberflächen verwendet und mit normalem entkalkten Wasser gemischt werden.

Regenwasser

Dieses weiche Wasser ist gut für den Brunnenbetrieb geeignet. Sie können es in Gefäßen sammeln, die Sie im Garten oder auf dem Balkon aufstellen, und baldmöglichst verbrauchen. Bevor Sie es in den Brunnen füllen, gießen Sie es durch ein Filterpapier (z. B. Kaffeefilter).

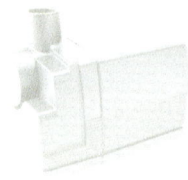

Maßnahmen zur Belebung des Wassers

Wasser kann generell aufgewertet werden:

• Setzen Sie es (z. B. in einer Glasflasche oder Schale) einige Stunden dem Sonnenlicht aus.

• Legen Sie einige große Stücke Bergkristall (die Sie zuvor im Wasser oder in der Sonne gereinigt haben) in den Wasserkrug, den Sie zum Brunnengießen benutzen.

• Verwenden Sie Wasserbelebungsgeräte. Das Wasser kann durch Verwirbelungstechniken und/oder Magneten (z. B. levitiertes Wasser oder Granderwasser) positiv beeinflusst werden.

Diese Hilfe lässt das Wasser lebendiger und positiver werden. In manchen Fällen verbessert sich auch die Fließeigenschaft, was dazu führt, dass der Brunnen weniger spritzt. Das Thema Wasser für Brunnen ist eine ziemliche Herausforderung, da die Wasserqualität von Ort zu Ort sehr unterschiedlich ist. Zusätzlich spielen die spezifischen Standorte des Zimmerbrunnens eine wichtige Rolle. Experimentieren Sie selbst und tauschen Sie sich mit anderen Brunnenbesitzern aus.

Die Pumpe

Die Pumpe stellt quasi das »Herz« des Brunnens dar. In unserem Körper pumpt das Herz das Blut durch den gesamten Körper, damit es alle Zellen erreichen kann. Diese Unendlichkeitsbewegung hat etwas Wunderschönes, auch bei einem Brunnen – ein unendlicher Fluss, unendliche Fülle, immer ist genügend vorhanden. In der Pumpe wie im Herzen geschieht die unsichtbare Bewegung, die alles in Gang hält. Dort wo Bewegung ist, wird die Raumenergie angeregt – das bedeutet Leben und gutes Feng Shui.

Pumpengröße

Wenn Sie eine Pumpe separat kaufen, weil Sie selber einen Brunnen bauen oder eine Pumpe austauschen wollen, sollten Sie wegen der Sicherheit unbedingt VDE-geprüfte Qualitätsprodukte nehmen, die in der kleinsten Größe ab ca. 15,– Euro erhältlich sind. Wenn Ihnen zu diesem Preis bereits ein kompletter Zimmerbrunnen angeboten wird, können Sie davon ausgehen, dass die darin enthaltene Pumpe nicht sehr hochwertig ist und keine lange Lebensdauer hat. Gute Pumpen, die gepflegt werden, halten einige Jahre (so gibt die Firma Oase drei Jahre Garantie auf ihre Produkte). Für Zimmerbrunnen bis zu einem Fassungsvermögen von 3 bis 10 Litern ist die kleinste im Fachhandel erhältliche Pumpengröße (z.B. Typ Aquarius 240i und 300i, Fa. Oase, oder Typ Micra, Fa. Sicce) ausreichend. Dieser Pumpentyp wird bei den in diesem Buch gezeigten Schalenbrunnen und den selbst gebauten Brunnen verwendet. Sollen Steinkugeln oder eine größere Wassermenge bewegt werden, ist die nächstgrößere Pumpe (z.B. Typ Aquarius 600i, Fa. Oase) zu empfehlen.

Die im Handel erhältlichen Brunnen sind meist mit einer kompletten Installation ausgestattet. Bei größeren Fördermengen und komplexeren Anlagen wenden Sie sich bitte an einen Fachmann oder Anbieter, der Ihnen die passende Brunnenausstattung komplett liefert.

Pumpentypen

Man unterscheidet zwischen *Tauchpumpen*, die sich im Brunnenbecken direkt im Wasser befinden, und *Pumpen in Trockenaufstellung*, die außerhalb des Brunnenbeckens angebracht werden.

Tauchpumpen

Wie der Name schon vermuten lässt, wird die Tauchpumpe direkt in das Brunnenbecken gestellt. Pumpe und Kabel sind dabei in direktem Kontakt mit dem Wasser.

Die in der Mehrzahl der Brunnen vorhandenen Pumpen arbeiten mit 230 Volt. Wenn Ihr Brunnen sicher und geschützt steht und Sie keine

Kinder oder größeren, frei herumlaufenden Haustiere haben, können Sie diesen Pumpentyp problemlos verwenden. Achten Sie unbedingt auf eine intakte Isolierung des Pumpenkabels. Vermeiden Sie Brunnenkonstruktionen mit scharfkantigen Materialien, z.B. Steinen oder Glas, die das Kabel beschädigen könnten. Wenn das Kabel einer 230-V-Pumpe im Wasserbecken beschädigt wird, stellt das einen Risikofaktor dar. Verwenden Sie eine 230-V-Pumpe und wünschen eine höhere Sicherheit, können Sie sich in Ihren Sicherungskasten einen 30-mA (Milliampere) FI-Schutzschalter (FI=Fehlerstrom) einbauen lassen. Dieser misst die Differenz zwischen dem zufließenden und abfließenden Strom und schaltet defekte Stromkreise sofort aus. Der FI-Schalter reagiert bei geringsten Fehlerströmen und bei Kurzschlüssen. Ist die Pumpe doch einmal trockengelaufen, weil kein Wasser mehr vorhanden war, schaltet sie sich über den FI-Schutzschalter ebenfalls aus. Als Alternative können Sie auch einen so genannten Steckmat (ab ca. 50,– Euro) verwenden, der ähnlich wie eine Zeitschaltuhr vor dem Pumpenkabel in die Steckdose gesteckt wird und die gleiche Funktion wie ein eingebauter FI-Schalter erfüllt.

Im Bereich der Tauchpumpen gibt es darüber hinaus die so genannten Niedervoltpumpen, die mit einer Nennspannung von 9, 12 (Typ Aquarius 240i/9V, Fa. Oase) oder 24 Volt (Typ Nova, Fa. Sicce) arbeiten. Sie sind teurer als die 230-V-Pumpen (ab ca. 30,– Euro) und etwas schwieriger erhältlich.

Die Vorteile dieser Pumpen liegen jedoch auf der Hand: Die elektrische Sicherheit ist noch höher, da am Kabel nur eine geringe Spannung anliegt. Selbst eine Beschädigung des Niedervoltkabels ist ungefährlicher. Durch die geringere Erwärmung des Brunnenwassers entstehen weniger Keime. Gerade wenn Sie Kinder haben oder Ihr Brunnen in der Praxis oder im Büro steht und für viele Menschen zugänglich ist, sollten Sie auf eine Niedervoltpumpe umrüsten. Ein Brunnen in Ihren Privaträumen, der sicher steht und regelmäßig gereinigt wird, kann aber auch weiter mit einer 230V Pumpe betrieben werden.

Externe Pumpen

In diesem Fall hat das Becken einen Zu- und einen Abfluss, über die das Wasser durch zwei Schläuche die Pumpe erreicht. Die Pumpe befindet sich im Gefäßsockel des Brunnens. Diese Konstruktion ist zwar aufwendiger, von einem Fachmann ausgeführt bietet sie jedoch die größte Sicherheit, da Pumpe und Kabel keinen unmittelbaren Kontakt zum Wasser haben. Die Pumpe in

Trockenaufstellung verhindert ebenfalls ein zu starkes Erwärmen und damit Verkeimen des Brunnenwassers.

Das Anschließen der Pumpe

Je einfacher die Pumpe gebaut ist, desto weniger störungsanfällig ist sie. Mit Hilfe eines Schiebers oder eines drehbaren Auslassstutzens lässt sich die Durchflussstärke und damit die Stärke des Springstrahls stufenlos verstellen. Am besten und am haltbarsten läuft die Pumpe, wenn sie auf einen mittleren Durchfluss eingestellt ist. Wenn Sie noch keine Erfahrung mit Pumpen haben, schauen Sie sich diese zuerst genau an. Stellen Sie den Durchflussregler auf Minimum oder (–) ein. Beachten Sie individuelle Details auf dem beigelegten Informationsblatt.

Für einen ersten Testlauf mit einer Tauchpumpe brauchen Sie nicht die Pumpe mit dem Brunnen zu verbinden, es reicht, wenn Sie sie in die mit Wasser gefüllte Brunnenschale oder eine Schüssel stellen. Der Pumpenkörper sollte mit Wasser bedeckt sein, die kleinen Saugfüße halten die Pumpe am Boden. Erst jetzt den Stecker mit trockenen (!) Händen einstecken. Anhand der Stärke und Höhe des Springstrahls können Sie nun einschätzen, ob der Durchfluss neu eingestellt werden muss.

Die benötigten Schläuche werden entweder oben direkt in die Wasseraustrittsöffnung der Pumpe oder auf das in der Austrittsöffnung sitzende Pumpenadapterstück gesteckt. Wenn Sie einen Brunnen selber bauen, nehmen Sie die Pumpe zum Schlauchkauf mit, um den richtigen Durchmesser festzustellen. Die Schläuche müssen genau passen und eng anliegen, damit das Wasser nicht bereits am Pumpenstutzen austritt.

Sollte die Pumpe beim ersten Anschließen kein Wasser fördern, gießen Sie bei laufender Pumpe von oben Wasser in die Wasseraustrittsöffnung. Damit reguliert sich der Wasserausfluss meist augenblicklich. Eine andere Möglichkeit: Ziehen Sie mehrere Male mit einigen Sekunden Pause dazwischen den Stecker aus der Steckdose und stecken Sie ihn wieder ein. Falls im Pumpenbereich Luft vorhanden ist, kann zuerst ein gurgelndes Geräusch hörbar werden, was aber nach kurzer Zeit verschwindet, wenn das Wasser gleichmäßig auszutreten beginnt.

Sicherheitsmaßnahmen

Ganz generell sollten Sie bei elektrischen Geräten immer sehr vorsichtig sein und insbesondere vor dem Hantieren mit Wasser den Stecker aus der Dose ziehen. Legen Sie ein Handtuch bereit. Wenn Sie mit Wasser gearbeitet haben, trocknen Sie sich vor dem Einstecken des Steckers immer die Hände gut ab!

Ein Wasserstandsanzeiger, wie er für Hydrokulturen verwendet wird, ist sehr nützlich, um ein Trockenlaufen der Pumpe zu vermeiden, wenn der Wasserstand nicht sichtbar kontrolliert werden kann. Die Pumpe sollte zu mindestens zwei Dritteln mit Wasser bedeckt sein, damit sie reibungslos arbeiten kann.

Liegt die Steckdose tiefer als der Brunnen, kann in ungünstigen Fällen Wasser über ein sehr hoch befülltes Brunnenbecken am Kabel entlang in die Steckdose hineinrinnen und einen Kurzschluss auslösen. Wenn das Kabel ausreichend lang ist, können Sie zur Vorkehrung ein oder zwei Kabelschlaufen bilden, damit überschüssiges Wasser notfalls auf den Boden abtropfen kann.

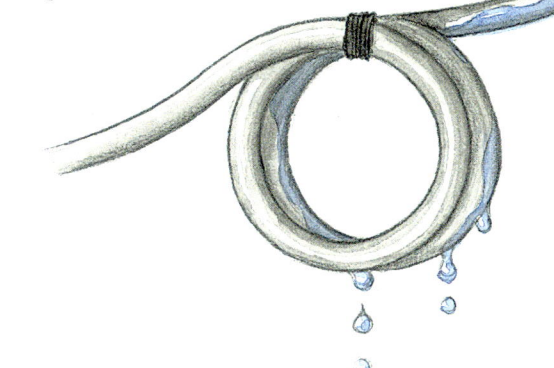

 Tipp: Eine Zeitschaltuhr oder ein vom Fachmann ins Pumpenkabel eingebauter Schalter erspart Ihnen das lästige Hantieren mit dem Stecker, wenn Sie den Brunnen zu bestimmten Zeiten ausschalten möchten.

Elektrosmog

Da die Pumpe elektrisch betrieben wird, entsteht im Umkreis von etwa 1,5 bis 2 Metern um den mit einer 230-V-Pumpe ausgestatteten Brunnen herum verstärkt Elektrosmog. Bei Niedervoltpumpen geht der Elektrosmog verstärkt vom Trafo aus. Speziell am Schlaf- und Arbeitsplatz ist ein Abstand von ca. 1,5 m zu empfehlen, denn die Belastung durch Strom ist gesundheitsschädlich.

Am besten stellen Sie einen Brunnen daher nicht in unmittelbarer Nähe auf Ihren Schreibtisch, sondern mindestens einen Meter entfernt. Wer sichergehen will, dass er einen ausreichenden Abstand zum Brunnen hat, kann mit einem Feldmessgerät den genauen Sicherheitsabstand feststellen (siehe Kasten). Am günstigsten ist es, den Brunnen auf einen zusätzlichen kleinen Tisch oder eine Säule zu stellen und das Kabel so zu verlegen, dass es möglichst nicht auf dem Boden verläuft. So vermeiden Sie Kriechströme, die dazu führen, dass Ihr Körper unter Strom steht.

Auch wenn der Brunnen einen vergleichsweise geringen Elektrosmog produziert, überwiegt der positive Effekt: Durch die Wasserbewegung wird die Luft befeuchtet und es bilden sich negative Ionen, die Staub und Schmutzpartikel binden. Die Luft wird vermehrt mit belebendem Qi angereichert.

Bei einigen Tischbrunnen habe ich die magnetischen Wechselfelder mit einer Feldsonde (Fausser FMG) in NanoTesla (nT) gemessen. Es ergaben sich folgende Durchschnittswerte:
Abstand 50 cm 290–360 nT
Abstand 100 cm 27–70 nT
Abstand 150 cm 7–20 nT
Ein Wert von bis zu 20 nT gilt beim Menschen als unbedenklich.
Im Vergleich:
Bei einem eingeschalteten Fernseher werden bei einem Abstand von 50 cm ca. 3500 nT, im Stand-by-Betrieb immer noch 300 nT gemessen.

Geräuschentwicklung und Vibrationen

Eine saubere Pumpe von guter Qualität arbeitet normalerweise praktisch geräuschlos. Wenn Sie sensibel sind, werden Sie den Brunnen nicht unmittelbar auf den Schreibtisch, sondern separat stellen, denn der laufende Brunnen löst Vibrationen aus, die störend wirken, wenn man auf derselben Tischplatte arbeitet.

Ein Brummen oder störende Vibrationen des Wassergefäßes können z. B. entstehen, wenn die Pumpe mit Saugfüßen am Boden befestigt ist. In diesem Fall können Sie bei herausgezogenem Stecker die Saugfüße abnehmen und den Pumpenschlauch etwas weiter herausziehen oder geringfügig verkürzen, so dass die Pumpe nicht mehr auf dem Boden der Brunnenschale steht.

Eine andere Möglichkeit, die Vibration und das Brummen zu reduzieren: Legen Sie ein flaches Stück Styropor, Luftblasenfolie (Verpackungsmaterial), Moosgummi oder dünnes Schaumgummi (z.B. Aquarienunterlage) unter den Brunnen. Schneiden Sie das Material für die Unterlage etwas kleiner als die Brunnenschale zu, damit es von der Schale knapp verdeckt wird.

Maßnahmen gegen Verkalken und Veralgen

Die im Handel erhältlichen Pumpen sind – wenn nicht anders angegeben – auf Dauerbetrieb eingestellt. Wenn der Brunnen ununterbrochen läuft, veralgt oder verschleimt das Wasser weniger schnell, als wenn es still steht.

Falls die Pumpe einmal sehr stark verschmutzt sein sollte, sollten Sie einen Reinigungslauf vornehmen. Ein Liter Wasser (ca. 20 Grad warm) wird mit einem kräftigen Schuss Essigessenz oder 2 Esslöffel Zitronensäure versetzt und in den Brunnen gegossen. *Achtung:* Nur bei unbepflanzten Brunnenbecken anwenden, empfindliche Halbedelsteine und Gegenstände aus Kalk wie z.B. Muscheln, die direkt im Wasser liegen, müssen entfernt werden.) Lassen Sie den Brunnen einige Stunden lang laufen,

ohne Wasser nachzufüllen. Dann die Pumpe und das Wassergefäß gut ausspülen. Wenn die Brunnenteile und die Dekoration empfindlich sind, können Sie auch in einem separatem Glas- oder Keramikgefäß einen Pumpen-Reinigungslauf durchführen.

 Tipp: Ein starkes Verschmutzen können Sie verhindern, wenn Sie ein Stück von einem feinen Damennylonstrumpf über die Pumpe ziehen und an beiden Enden verknoten. Die feinen Maschen halten Schmutz- und Kalkpartikel zurück. Der Strumpf sollte bei der Brunnenreinigung ausgewaschen und gelegentlich ausgetauscht werden.

Zur Vorbeugung gegen eine Verschleimung kann bei einfachen Keramik- und Glasbrunnen ohne empfindliche Dekoration bis zu 400 Milliliter Essigessenz auf 5 Liter oder ca. 10 Milliliter Wasserstoffperoxid (H_2O_2, 3%, in Apotheken erhältlich) pro Liter hinzugefügt werden. Diese Zusätze bringen die Algen und Keime entweder zum Platzen oder zum Schrumpfen und machen sie damit unschädlich. Wenn der Brunnen regelmäßig gereinigt wird, können Sie auf weitere Zusätze wie Algenwachstumshemmer etc. verzichten. Vor allem wenn Sie Kinder und Haustiere haben, sollten Sie möglichst keine Zusätze verwenden.

Die Reinigung von Pumpe und Brunnen

Disziplin bei der Brunnen- und Pumpenreinigung lohnt sich. Genauso wie wir unseren Körper reinigen, sollten wir auch unseren Brunnen sauber halten.

Denken Sie daran, dass Wasser ein Informationsträger ist und für Geld oder für einen anderen Aspekt steht, den Sie aktivieren wollen. Die Reinheit des Wassers äußert sich beispielsweise in einer Klarheit in Beziehungen, sauberen Geschäften und guten Helfer.n Und denken Sie auch an Ihren Körper. Die Pumpe ist im übertragenen Sinne das Herz und das Wasser das Blut. Wenn wir dünnes, helles, gesundes Blut haben, ist der Körper weniger mit Schadstoffen belastet und leistungsfähiger. Vermeiden Sie einen »Pumpeninfarkt«.

Wenn Sie es einmal eilig haben, gießen oder saugen Sie das Brunnenwasser komplett ab und füllen Sie frisches Wasser nach. Das allein macht schon einen Unterschied!

Das beste Verfahren ist allerdings immer noch die Verwendung von belebtem Wasser und eine wöchentliche Reinigung. Hierfür sollte der Brunnen zerlegt und die einzelnen Brunnenteile gründlich gereinigt werden.

Wenn vom Hersteller vermerkt, können bei einfachen Keramikbrunnen die einzelnen Brunnenteile auch *ohne* Pumpe, Schlauch und Kabel in der Spülmaschine gereinigt werden. Falls der Brunnen nach der Reinigung immer noch Kalkablagerungen aufweist, können Sie diese mit einem feuchten Lappen, auf den einige Zitronensäurekristalle gestreut werden, einfach abwischen. Ansonsten werden Brunnenteile wie z. B. empfindliche Keramikteile oder Brunnensteine mit reichlich Wasser abgespült und abgerieben oder mit einer sauberen Spülbürste abgebürstet.

Bei der Reinigung der Pumpe beachten Sie bitte die jeweilige Gebrauchsanweisung, die die Details zeigt. Spülen Sie die Pumpe zuerst unter fließendem Wasser gründlich ab und machen Sie gegebenenfalls einen Reinigungslauf mit Zitronensäure oder Essigessenz. Bevor Sie die Pumpe wieder einsetzen, starten Sie einen Durchlauf: Füllen Sie ein Gefäß oder Waschbecken zu einem guten Drittel mit Wasser, setzen Sie die Pumpe hinein und schließen Sie sie an.

Achtung: Zuvor die Hände abtrocknen! Bei diesem Durchlauf können sich weitere Partikel und Flusen lösen. Ziehen Sie den Stecker wieder heraus, lassen Sie das Wasser ab und wiederholen Sie diesen Vorgang zwei- bis dreimal. Nach diesen Reinigungsläufen mit sauberem Wasser ist die Pumpe für den Brunneneinsatz wieder bereit.

Wenn Sie Ihren frisch gereinigten Brunnen in Betrieb nehmen, wird Ihnen sofort die positive Ausstrahlung und die besondere Klarheit und belebende Wirkung Ihrer sprudelnden Oase auffallen.

Wasser als Gedächtnis

Bei Experimenten mit gefrorenem Wasser wurde festgestellt, dass sich je nach Ursprung des Wassers unterschiedliche kristalline Formen ausbildeten. Setzte man es zusätzlich den Klängen von klassischer Musik aus, bildeten sich vollkommen andere und harmonischere Muster als bei Heavy-Metal-Musik.

Auch Gedanken wirken auf die Strukturen eines Wassers: Bei Liebe und Freundlichkeit entstehen helle, eindrucksvolle Figuren, die an Edelsteine oder Mandalas erinnern, bei Hass und Verachtung hingegen dunkle, krebsartige Geschwülste, die einen schaudern lassen (siehe auch *Hagia Chora*, Heft 5/2000, S. 33). Liegt es daher nicht nahe, mit dem Wasser unseres Zimmerbrunnens zu kommunizieren? So wie Menschen, die einen »grünen Daumen« haben, mit ihren Pflanzen sprechen, können auch wir mit dem Brunnenwasser reden oder den Brunnen »besingen«. Ähnliches passiert, wenn wir beim Auffüllen des Wassers einfach liebevoll an unsere Ziele zu denken, um auf diese Weise eine Aktivierung nach Feng Shui vorzunehmen.

Einfache Brunnen zum Selberbauen

Aus eigener Erfahrung kann ich sagen, dass es großen Spaß macht, selber Brunnen zu bauen.
Im Versandhandel, in Gartencentern und Zoogeschäften finden Sie das passende Zubehör. Ich stelle Ihnen vier einfache Systeme vor, die Sie immer wieder neu gestalten können.

Wasserfallbrunnen mit Steinen

Zubehör-Liste
- 5–6 größere abgerundete Steine, bunte Kiesel oder weiße Marmorkiesel
- Brunnenschale, ca. 36 cm Durchmesser
- 1 Stück weicher Plastikschlauch, ca. 0,5 cm Durchmesser, passend zur Pumpe
- 1 kleine Pumpe
- Nach Wunsch: Minipflanzen, Tillandsien/Bromelien oder künstliche Ranken
- Miniaturfiguren, z. B. Pagode
- Handtücher – sollten beim Hantieren mit Wasser immer bereitliegen.

 Tipp: Dieser Brunnen ist sehr schwer, die Steine könnten beim Tragen in Bewegung geraten. Stellen Sie die Brunnenschale am besten bereits an den dafür vorgesehenen Ort und legen Sie Handtücher darum herum, um die Umgebung beim Einstellen der Pumpe vor eventuellen Spritzern zu schützen.

- Die großen Steine und Kiesel gut abwaschen und unter Wasser bürsten, gegebenenfalls über Nacht zur Reinigung in Wasser legen.
- Die Schale knapp zur Hälfte mit Wasser füllen.
- Die großen Steine in einer Hälfte der Schale so einsetzen, dass eine Landschaft entsteht. Dabei sollte ein Drittel der Schale hinter den Steinen

frei bleiben, damit hier die Pumpe hineingestellt werden kann.

• Den Plastikschlauch über den Pumpenstutzen schieben, die zuvor eingestellte Pumpe (siehe S. 102) hinter die Steine ins Wasser setzen. Die Schale sollte so tief sein, dass die Pumpe zu mindestens 3 cm hoch mit Wasser bedeckt ist. Den Plastikschlauch zwischen die Steine schieben und die Pumpe anschließen. Die Stärke des Wasserstrahls prüfen und gegebenenfalls die Pumpe nochmals einstellen. Den Schlauch gut mit Steinen beschweren und gegebenenfalls mit Silikonkleber (aus dem Baumarkt oder Zoofachgeschäft) befestigen.

• Nach Wunsch eine Düse (z. B. Schwalldüse) in den Schlauch schieben. Das Wasser kann wahlweise so geführt werden, dass es über einen großen Stein herabfließt oder wie bei einem kleinen Wasserfall vor dem Stein herabprasselt (Achtung: Spritzgefahr). Steine mit einer rauen Oberfläche erzeugen mehr Reibung, und damit wird mehr Qi angezogen.

Wenn das Wasser beim Aufprall ins Wasser richtig sprudelt, entsteht ebenfalls mehr Qi.

• Die Pumpe nochmals ausstecken und die Kiesel auf der Vorderseite einfüllen. Je nachdem wie hoch der Kies steht, entstehen verschiedene Wassergeräusche. Um diese zu verändern, kann ein größerer Stein an die Stelle gelegt werden, an der das Wasser auftrifft. Nach Wunsch mit Pflanzen und Figuren dekorieren und zwischen den Steinen eine Unterwasserlampe anbringen.

• Die Pumpe wieder einschalten und gegebenenfalls kleine Korrekturen vornehmen.

Tipp: Dieser Brunnen ist ohne den kompletten Abbau der Wasserfall-Landschaft verhältnismäßig schwer zu reinigen. In diesem Fall ist es günstig, wenn Sie das Wasser einmal wöchentlich mit einem Schlauch absaugen.

Querschnitt eines einfachen Wasserfallbrunnens

Bepflanzter Brunnen

Zubehör-Liste
- Brunnenschale ca. 30 cm Durchmesser, Höhe ca. 8 cm
- 1 kleine Pumpe
- Spezialdüse für Fontäne
- 1 glasierter Blumentopf oder Spezialtopf für die Pumpe

Pumpentopf aus Kunststoff

- Bunte Halbedelsteine (Trommelsteine)
- Blumenerde
- Hydrokulturgranulat
- Moos/Grassoden, verschiedene Minipflanzen
- Nach Wunsch: weitere Figuren zur Dekoration
- Handtücher – sollten beim Hantieren mit Wasser immer bereitliegen.

Diese Brunnenkonstruktion hat den Vorteil, dass Wasser und Pflanzen voneinander getrennt sind. So können die Pflanzen keine »nassen Füße« bekommen und zu faulen beginnen. Das Brunnenwasser lässt sich leicht nachfüllen, und auch der Brunnenbehälter (Übertopf) kann einfach herausgenommen werden, denn die feuchte Blumenerde behält die Form und wird durch die Wurzeln gehalten.

- Die Brunnenschale gut ausspülen. Den zu etwa zwei Dritteln mit Wasser gefüllten Pumpentopf hineinstellen.
- Rund um den Übertopf zuerst eine Schicht Hydrogranulat, dann Erde in die Schale füllen und die Pflanzen einsetzen.
- Die Pumpe hineinstellen. Die Spezialdüse auf den Auslassstutzen setzen. Jetzt die Pumpe einschalten und gegebenenfalls die Stärke des Wasserstrahls regulieren.
- Den Deckel des Pumpengefäßes aufsetzen und mit den bunten Steinen bedecken. Die Figuren aufstellen.

Querschnitt eines bepflanzten Brunnens

Figurenbrunnen

Zubehör-Liste
- Brunnenschale ca. 30 cm Durchmesser, Höhe ca. 8 cm
- 1 glasierter Blumentopf in der gleichen Farbe, Durchmesser ca. 6 cm, Höhe ca. 8 cm
- 1 Pflanzkorb für Hydrokultur
- 1 kleine Pumpe
- 1 Unterwasserlampe nach Wunsch
- Halbedelsteine (Trommelsteine) oder Marmorkies
- Figur, z. B. Kuan Yin, Buddha oder Maria
- Handtücher – sollten beim Hantieren mit Wasser immer bereitliegen.

Querschnitt eines Figurenbrunnens

- Die Brunnenschale und den Blumentopf gründlich ausspülen.
- Den glasierten Blumentopf umgedreht in den hinteren Bereich der Schale stellen. Er dient als Sockel für die Figur.
- Die Pumpe in den Pflanzkorb hineinstellen, gegebenenfalls den Pflanzkorb für eine bessere Kabelführung einschneiden. Die Spezialdüse aufstecken. Die Schale ca. 3 cm hoch mit Wasser füllen und den Wasserstrahl regulieren.

- Das Gefäß mit den Steinen oder Marmorkies bis auf einen Rand von ca. 2 cm befüllen. Die Schale bis knapp unter den Rand mit Wasser auffüllen. Die Figur auf den Sockel stellen.

Quellsteinbrunnen

Zubehör-Liste
- Brunnenschale ca. 30 cm Durchmesser, Höhe ca. 8cm
- 1 kleine Pumpe
- Plastikschlauch (Länge gemäß der Höhe des Quellsteins + 2–3 cm für die Zuführung zur Pumpe)
- 1 Pflanzkorb für Hydrokulturpflanzen/Pumpentopf oder Drahtgitter, das ringförmig zusammengefasst ist (siehe Zeichnung)
- Halbedelsteine oder Marmorkies

- Die Brunnenschale und den Quellstein gut ausspülen.
- Den Pumpenschlauch in den Quellstein hineinschieben, am anderen Ende die Pumpe an den Schlauch stecken. Den Stein auf den Pflanzkorb/Pumpentopf stellen, um die endgültige Schlauchlänge festzustellen; den Schlauch gegebenenfalls ein Stück abschneiden.
- Pflanzkorb oder Gitter in die Schale stellen, den Quellstein darauf setzen.
- Wasser einfüllen, bis die Pumpe knapp bedeckt ist und einen Pumpen-Probelauf machen.
- Wenn die Pumpe richtig eingestellt ist, mit den Marmorkieseln oder Halbedelsteinen die Schale oder den Bereich des Gitters auffüllen und dekorieren.

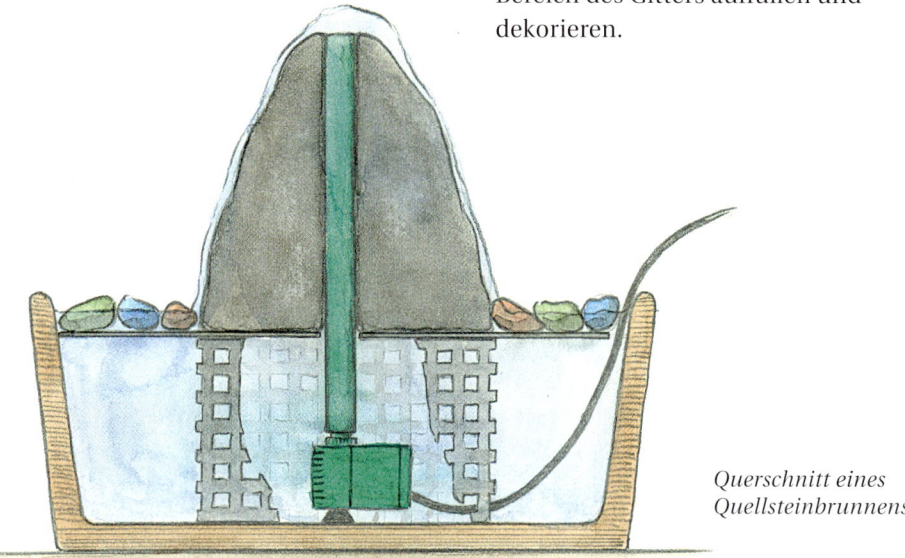

Querschnitt eines Quellsteinbrunnens

Alternativen zu Brunnen

Trockenes Wasser

Manchmal ist es einfach nicht möglich, einen Brunnen aufzustellen – weder einen fertig gekauften noch einen selber gebauten. Der Raum ist vielleicht zu klein, im Eingangsbereich ist kein Platz, die Bewohner sind selten zu Hause und ihnen ist die Brunnenpflege zu viel.

In diesen Fällen wird im Feng Shui das so genannte »trockene Wasser« in Form von Bildern verwendet. Um ohne echtes Wasser dieselben Effekte zu erzielen, also mehr Energie in die Räume hineinzulenken, können Sie ein Wasserfallbild oder ein Bild mit Goldfischen aufhängen.

Fotos und gemalte Bilder wirken als Symbole und ziehen ebenfalls Qi an. Achten Sie bei Bildern und Postern darauf, dass das abgebildete Wasser stark sprudelt oder schäumt und aus dem Bild herauszufließen scheint. Falls Sie die Bilder rahmen, verwenden Sie bitte kein herkömmliches Glas, sondern Antireflex-Glas – das verhindert, dass das angezogene Qi sofort von spiegelnden Gläsern reflektiert wird und nicht in den gewünschten Bereich einfließt.
Die Regeln sind die gleichen wie für Brunnen – hängen Sie die Bilder im Bereich des Eingangs oder der Zimmertür auf, um Qi-Energie anzuziehen, und vermeiden Sie die Nähe von Fenstern, Glaswänden und Hintertüren, über die das Qi schnell entweicht. Personen, deren Geburtsjahreselement Feuer ist, sollten genau wie bei echtem Wasser Abstand halten.

Im Fortgeschrittenen-Feng-Shui werden für die Aktivierung des so genannten »Wassersterns« in Innenräumen neben Brunnen weitere Abhilfen wie Fischsymbole, Schalen und Froschfiguren als "trockenes Wasser" verwendet. Ein Feng-Shui-Berater kann Ihnen helfen, eine weitere Feinabstimmung vorzunehmen.

Tipp: Eine Möglichkeit, den Befeuchtungs- und Ionisierungseffekt von Brunnen kurzfristig nachzuvollziehen, besteht darin, eine Sprühflasche, wie sie z. B. zum Besprühen von Bügelwäsche verwendet wird, mit kaltem Wasser zu füllen und einige Tropfen ätherisches Öl hinzuzufügen. Sie können ätherisches Öl einer Sorte oder eine Mischung, beispielsweise Teebaum und Zitrone, zugeben. Salbei oder Wacholder haben eine stark reinigende Wirkung und sind dafür in vielen Kulturen bekannt. Öle von Nadelhölzern wie Fichtennadel, Weiß- und Riesentanne begünstigen die Ionisierung der Luft. Gehen Sie durch das Zimmer bzw. die ganze Wohnung, halten Sie die Sprühflasche leicht nach oben geneigt und versprühen Sie den Wasserstaub. Achten Sie dabei auf empfindliche Holzmöbel und Papier. Wie ein feiner Regen binden die Wassertröpfchen die in der Luft befindlichen Staub- und Schmutzteilchen, die auf den Boden sinken. Der ganze Raum wirkt nach dieser reinigenden Behandlung heller und frischer.

Mit Wasser unterwegs

Ich reise sehr viel und habe kaum Möglichkeiten, im Hotelzimmer einen Brunnen aufzustellen. Meine Wasserabhilfen für unterwegs sind daher kleine Wasserfallbilder oder Bilder z. B. mit Delphinen oder Goldfischen, die ich passend zur Koffergröße zurechtschneide und matt laminieren lasse. Dadurch sind sie weniger anfällig gegen Knicke. Die matte Laminierung reflektiert im Gegensatz zu einer glänzenden Oberfläche keine Qi-Energie. Durch die Verwendung von leicht entfernbaren Klebepads für Poster bleiben an den Wänden keinerlei Spuren zurück, und die Poster werden nicht beschädigt und können immer wieder verwendet werden.

Vielleicht haben Sie im Gepäck noch Platz und können eine kleine Sprühflasche mitnehmen, die Sie mit Wasser und einigen Tropfen natürlichem ätherischem Öl füllen. Muffige Hotelzimmer werden auf diese Weise sehr effektiv belebt. Fertige Airsprays mit ätherischen Ölen, die in kleinen Flaschen erhältlich sind, sind zur Raumerfrischung ebenfalls sehr nützlich.

Eine weitere, sehr entspannende »Wasserabhilfe« ist Musik, die speziell das Wasserelement wiederspiegelt. So kann man nach einem anstrengendem Tag wunderbar »abtauchen«. Ich höre sehr gerne Musik und möchte Ihnen auch dazu ein paar Tipps geben:

Kelly Howell – Brai*n Massage*
Mein absoluter Favorit, wenn es um reine Wassergeräusche geht. Ein kräftiges Blubbern und Rauschen ist hier mit feinen Frequenzen kombiniert, die die Gehirnhälften synchronisieren. Das bedeutet tiefe Entspannungszustände und nach ca. 30 Minuten einen klaren, frisch »durchspülten« Kopf.
Zur Zeit ist diese »Massage« nur als Kassette erhältlich. Benutzen Sie Kopfhörer, um in den Genuss der vollen Wirkung zu kommen.

Anugama – Ocea*n & Tambura* und *Ri*v*er Bells*
Zwei absolute Klassiker der Entspannungsmusik: *Ocean & Tambura* – Ozeanrauschen mit indischen Tamburaklängen untermalt. Auf *Ri*v*er Bells* hören Sie ein sanftes Bachplätschern, dessen feine Energien von zart erklingenden Klangschalen hervorgehoben werden.

Weitere hörenswerte Musik mit Wasseruntermalung:

Angels of the Sea, Dan Gibson's Solitudes
Surf & Spray oder *Sea Moods* aus der Serie Relax with Nature
Leise gespielt bildet diese Musik ein Gegengewicht zu lauten Geräuschen oder Verkehrslärm.

Anregend wirkt dagegen *Brainscapes* mit einem durchgängig wurzeligen Didgeridoo-Unterton. Jedes der Stücke befasst sich mit einem der Fünf Elemente, und so setzen Klangschalen, Wassergeräusche oder Feuerknistern lebendige Akzente.

Wenn Sie klassische Musik mögen, so liegen hier natürlich *Die Moldau* von Smetana und die *Wassermusik* von Händel sehr nahe. Dem Wasser können Sie aber auch bei den *Jeux d'Eau* von Ravel oder den *Wasserspielen der Villa d'Este* von Liszt lauschen. Genießen Sie auch einmal das *Forellenquintett* von Schubert, z. B. interpretiert von Christian Zacharias und dem Leipziger Streichquartett und nehmen Sie wahr, wie das Wasser perlt.

Apropos Forellen – eine kleine Wassergeschichte aus dem Schwarzwald, wie sie mir von einem Einheimischen erzählt wurde, ruft Assoziationen an Feng Shui hervor. Wollte ein Bauer früher einen Hof bauen, musste er auf seinem Grundstück eine Quelle und eine Feuerstelle nachweisen. Die Quelle wurde so überbaut, dass sich oberhalb des Wassers eine Art Schränkchen befand, das durch das Wasser besonders kühl gehalten wurde – hier wurde beispielsweise die Butter aufbewahrt. In einem mit Quellwasser gespeisten Becken wurde eine Forelle gehalten. Da Forellen sehr sensible Tiere sind, die auf jegliche Veränderungen der Wasserqualität reagieren, konnte man sich so vergewissern, dass das Wasser nicht belastet und auch für den Menschen verträglich war.

Ausblick

Nach der Lektüre dieses Buches haben Sie einen guten Überblick über verschiedene Zimmerbrunnen-Typen gewonnen und dabei einige grundlegende Feng-Shui-Regeln kennen gelernt, um sich Ihren neuen Brunnen gezielter aussuchen zu können.

Wie immer, wenn wir bei einem Thema in die Tiefe gehen, lernen wir, auf Details zu achten, und beginnen uns mehr für die Feinheiten zu interessieren:
Vielleicht beginnen Sie mit einem einfachen Schalenbrunnen, den Sie komplett montiert kaufen.
Nach einiger Zeit möchten Sie Ihren Brunnen vielleicht persönlicher gestalten und bauen ihn – oder Teile davon – selber. Dann wünschen Sie sich möglicherweise einen größeren Brunnen und engagieren vielleicht einen Fachmann, der Ihnen mit Rat und Tat zur Seite steht.

Im Rahmen dieser Entwicklung haben Sie weitere Möglichkeiten, Ihren Brunnen nach Feng Shui abzustimmen. Schließlich können Sie einen Feng-Shui-Berater bitten, eine detaillierte Standortanalyse für Ihren Brunnen vorzunehmen, um die feinstofflichen Kräften noch intensiver auszurichten.
Es gibt die Möglichkeit, einen Brunnenstandort nach Feng-Shui-Kriterien wie dem *Ost-West-System* zu untersuchen, das die Qualitäten der einzelnen Bereiche in Haus und Wohnung noch exakter bestimmt.
Die *Fliegenden Sterne* – die Zeitaspekte des Feng Shui (wie z. B. Jahreszyklen) – könnten genau ermittelt und beispielsweise durch eine entsprechende Dekoration über einen bestimmten Zeitraum hinweg berücksichtigt werden.

Außerdem kann der Brunnenstandort nach geobiologischen oder geomantischen Aspekten ausgerichtet werden, d.h., der Brunnen wird entsprechend gestellt, um Kraftpunkte und Energielinien zu verstärken.

Besonders wichtig werden diese Aspekte, wenn Sie eine Brunnenanlage wie einen Wandbrunnen fest einbauen lassen. Wenn andererseits ein Schalen- oder Säulenbrunnen noch nicht am richtigen Platz steht, lässt er sich einfach umstellen.

Einen weiteren Feinschliff bekommt Ihr Brunnen, wenn Sie die »Goldenen Feng-Shui-Maße« berücksichtigen, die in der einschlägigen Fachliteratur zu finden sind (siehe auch *Feng Shui und Gesundheit* S. 72–79 von Dr. Jes T. Y. Lim, erschienen im Joy Verlag).

Das kann unter Umständen bedeuten, dass Sie sich den gesamten Brunnen »maßschneidern« lassen, denn nicht alle im Handel erhältlichen Schalen, Steine, Säulen usw. weisen die passenden Maße auf.

Sie sehen also, dass Sie – wenn Sie das wünschen – noch viele weitere Möglichkeiten haben, »Ihren« ganz persönlichen Brunnen nach Ihren Bedürfnissen weiterzuentwickeln.

Bei richtiger Pflege trägt jeder Brunnen in erster Linie positiv zum Raumklima bei und zieht vermehrt günstige Qi-Energie an. Die Anschaffung eines Brunnens ist also der erste Schritt dahin. Ich hoffe, ich konnte Ihnen dabei nützlich sein.

Danksagung

Einen ganz besonders tiefen Dank möchte ich meinen Lehrern Dr. Jes T.Y. Lim und Julie A. Lim aussprechen, die mir wertvolle Einblicke in das Wissen des Feng Shui und Taoismus gewährt und mich zu diesem Buch inspiriert haben. Die anmutigen Kalligraphien von Julie Lim setzen wunderbar fließende Akzente.
Mein Dank gilt auch Antonia Baginski, die mit ihren aussage- kräftigen Illustrationen weit mehr vermittelt, als tausend Worte beschreiben könnten.
Dazu möchte ich noch weiteren hilfreichen Menschen herzlich danken, die mich bei diesem Projekt besonders unterstützt haben: Meinem lieben Mann Frank M. Schenker, Thomas Kettenring, Kurt Nübling, Karin Schanzenbach, Michael Epperlein, Robert Meindl, Wasili Pantazoglou, Barbara und Dietrich Treichel, Ute Riedlinger und besonders den Firmen PRIMAVERA LIFE, AROMATA Int., VIELHARMONIE und der Firma LICHTPERLEN für ihre Unterstüzung und wertvollen Informationen sowie allen unge- nannten Weggefährten.

Brunnen-Netzwerk

Ich freue mich auf Ihre Anregungen, Erfahrungsberichte und Produkt- hinweise. Mein Ziel ist es, ein Netz- werk für Brunnen und Zubehör vor dem Hintergrund von Feng Shui zu schaffen. Die nachstehend genannten Adressen sind nur eine kleine Aus- wahl. Weitere Informationen und Kontakte finden Sie aktualisiert im Internet unter
www.fengshuifountains.de.
Ausführlichere Untersuchungen z.B. zum Thema Pumpentypen, Ionisie- rung und Elektrosmog sind in Vorbe- reitung und werden im Internet veröffentlicht.
Unter www.qi-mag.com finden Sie Feng-Shui-Berater, die im »Wasserdrachen« ausgebildet sind.

Für Seminaranfragen und Vorträge zum Thema Feng Shui & Brunnen- gestaltung wenden Sie sich bitte an:

Happy Dragon International
Daniela E. Schenker
Box 1218, D-82231 Wessling
Fon: +49 - (0)89 - 74 64 08 78
Fax: +49 - (0)81 53 - 95 20 16
e-mail: HappyDragon@t-online.de
www.fengshuifountains.de

Kontaktadresse

Qi-Mag Oriental & Zen Garden
Design Centre
Prof. Dr. Jes T. Y. Lim
Fon: +49 - (0)7 00 - 56 77 88 99
Fax: +49 - (0)7 00 - 56 77 88 89
www.feng-shui.com
E-Mail: info@qi-mag.com
Design von Brunnen und Wasserobjekten,
Gartendesign, Adresspool Qi-Mag Feng-Shui-
Berater, Beraterausbildungen und
Wasserdrachen-Kurs

Bezugsadressen

Vielharmonie
Am Fichtenholz 5, D-87477 Sulzberg
Fon: +49 - (0)7 00 - 11 88 89 99
Fax: +49 - (0)7 00 - 38 88 99 99
www.vielharmonie.de
e-mail: qi@vielharmonie.com
Keramikbrunnen, Alabasterbrunnen, Feng-Shui-
Accessoires, Bambusrohr-Brunnen und gravierte
Steine auf Anfrage
Abb. Seite 14, 15, 16, 17, 20, 21, 22, 23,
24, 25, 28

Primavera Life
Am Fichtenholz 5, D-87477 Sulzberg
Fon: +49 - (0)83 76 - 80 80
Fax: +49 - (0)83 76 - 8 08 39
E-Mail: info@primavera-life.de
www.primavera-life.de
Keramik- und Alabasterbrunnen
Abb. Seite 14, 21, 23, 24, 25, 28

Dragon & Phönix
Kernstockgasse 21, A-8020 Graz
Fon: +43 - (0)3 16 - 71 98 88 98
Fax: +43 - (0)3 16 - 71 98 88 99
E-Mail: office@fengshui.at
www.fengshui.at

Prosperity
Rita Niederberger
Goldacher, CH-6062 Wilen
Fon: +41 - (0)41 - 6 62 01 88
Fax: +41 - (0)41 - 6 62 01 89
E-Mail: prosperity@bluewin.ch
www.prosperity.ch
Keramikbrunnen, Alabasterbrunnen,
Feng-Shui-Accessoires
Abb. Seite 14, 21, 23, 24, 25, 28

Brunnenbau und Zubehör

Blumen der Sonne
Christine Stummer
Weinmeisterstr. 67
A-4582 Spital/Pyhrn
Fon: +43 - (0)75 63 - 80 26 98
Fax: +43 - (0)75 63 - 53 90 88
Edelsteinbrunnen

Colorline-Consulting
Eva Sabine v. Kolitscher-Zoller
Gletscherblick 32
A-6080 Innsbruck/Igls
Fon: +43- (0)5 12 - 3 77 35 80
Fax: +43- (0)5 12 - 37 76 63
www.colorline.consulting
Wasserwände, Brunnenobjekte
Abb. Seite 42

Dehner Gartencenter:
mehrere hundert Gartencenter in
Deutschland
Adressen unter www.dehner.de
Pflanzen, Quellsteine (auch Kunststeine), Schalen
und Brunnenzubehör, Pumpentöpfe
Exklusiv-Set: Oase Zimmerbrunnenpumpe mit 3
Effektdüsen u.v.a.m.
Abb. Seite 48

Energy Design
Feng Shui Werkstatt
Finsternau 18
A-3873 Brand
Fon: +43 - (0)28 59 - 66 99
Fax: +43 - (0)28 59 - 76 86
E-Mail: energydesign@magnet.at
www.feng.shui.at
Abb. Seite 15

H & G Die Haus- und Gartengalerie
Münsterstr. 7
D-48282 Emsdetten
Fon: +49 - (0)25 72 - 95 27 24
Fax: +49 - (0)25 72 - 98 82 88
E-Mail: info@hug-galerie.com
www.HuG-Galerie.com
Außergewöhnliche Wasserspeier, Skulpturen, ex-
klusive Unikate; lieferbar nur die
Figuren und Brunnen , die Brunnentechnik muss
individuell eingerichtet werden
Abb. Seite 18, 31, 41, 90, 91, 93, 115

Happy Habitat
Christiane Helth
Solmsstr. 8, D-10961 Berlin
Fon: +49 - (0)7 00 - 3 37 89 88
Fax: +49 - (0)30 - 69 81 89 97
Mobil: +49 - (0)1 70 - 7 37 89 88
E-Mail: info@happy-habitat88.com
www.happy-habitat88.com
Sandsteinbrunnen
Abb. Seite 19

Christof Hübner
Mittelgasse 6, D-87435 Kempten
Fon/Fax: +49 - (0)8 31 - 60 04,
Mobil: +49 - (0)1 75 - 9 84 12 14
E-Mail: brunnendesign@onlinehome.de
Säulen- und Krugbrunnen aus Keramik,
individuelles Brunnendesign, Niedervoltpumpen
auf Anfrage
Abb. Seite 29, 40

Licht-Perlen
Brunnen-Atelier
Wirtheimer Str. 11–13
D-63607 Wächtersbach
Fon: +49 - (0)60 53 - 17 88
Fax: +49 - (0)60 53 - 15 48
Raumfontänen, Quellsteine, Säulen-
brunnen aus Metall, Brunnenanlagen im Innen-
und Außenbereich mit Pumpen in Trockenauf-
stellung, Niedervoltpumpen
auf Anfrage
Abb. Seite 30, 32

Praxis Diamond
Giuseppe Vogler
Balmstraße 6
CH-6045 Meggen
Fon: +41 - (0)41 - 37 57 47
E-Mail: diamond-chi@starnet.ch
Quellsteine und Landschaftsbrunnen

Schirner Buchhandlung
Elisabethenstr. 20
D-64283 Darmstadt
Fon: +49 - (0)61 51 - 29 39 39
Fax: +49 - (0)61 51 - 23 712
Quellsteine, Brunnenzubehör

Seliger GmbH
Karlsruher Str. 7–9
D-78048 VS-Villingen
Fon: +49 (0)77 21 - 50 21 76
Fax: +49 (0)77 21 - 50 21 77
E-Mail: info@seliger-gmbh.de
www.seliger-gmbh.de
Chinesische Landschaftsbrunnen,
Brunnenzubehör, Nebler
Abb. Seite 35, 48

Ton & Glas
Zweibrückenstraße 19
80331 München
Fon: +49 (0)89 - 22 41 39
Bunter Keramikbrunnen mit Fröschen,
Elfenfiguren
Abb. Seite 38

Pumpen

Oase Pumpen, Wübker GmbH & Co.
Tecklenburger Str. 161
D-48477 Hörstel
Fon: +49- (0)54 54 - 8 00
Fax: +49- (0)54 54 - 8 02 35
Fachhändler-Auskunft

Dekorationen

Die Figuren für den Elfenbrunnen stellte zur Ver-
fügung:
Buchhandlung Wrage
Bornstr. 4, D-20146 Hamburg
Fon: +49 - (0)40 - 44 28 81
Fax: +49 - (0)40 - 44 49 32
 E-Mail: info@wrage.de
www.wrage.de
Elfen, Bücher, Musik, Brunnen von
Primavera

Paul Schrader Katalog
Fon: +49 - (0)1 80 - 52 5 15 25
Fax: +49 - (0)42 03 - 4 32 73
E-Mail: info@paul-schrader.de
www.paul-schrader.de
Figuren, Dekomaterial

Wasser-Infos

Granderwasser
U.V.O Vertriebs KG
Archstr. 15
D-82467 Garmisch-Patenkirchen
Fon: +49 - (0)88 21 - 94 77 10
Fax: +49 - (0)88 21 - 79 476
www.Grander.com

Musik

Musikkatalog "Cosmopolitan Music" bei
Kumara Books & Music, Abteilung SK
Buchenstr. 26
D-82256 Fürstenfeldbruck
Fax: +49 - (0)81 41 - 34 85 46
www.aquarius-music.com

Literaturverzeichnis

Barker, Cicely Mary
The Complete Book of the
Flower Faries
London: Penguin 1996
Buch in englischer Sprache
Auszüge daraus im:
Engelbert Dessart Verlag,
München

Dr. Bellinger, Gerhard
Knaurs Lexikon der Mythologie
München: Droemer Knaur
1999

Beuchert, Marianne
Die Gärten Chinas
München, Eugen Diederichs
1991

Brönnle, Stefan
Die Kraft des Ortes
Niedernhausen: Falken Verlag
1998

Da Vinci, Leonardo
Das Wasserbuch: Schriften und
Zeichnungen;
ausgew. und übers. von
Marianne Schneider
München: Schirmer/Mosel
1996

Lam Kam Chuen
Das Feng Shui Handbuch
Sulzberg: Joy Verlag 1996

Eberhard, Wolfram
Lexikon chinesischer Symbole
München: Eugen Diederichs
1996

Gärtner, Brigitte
Feng Shui Glücksbringer
Aitrang: Windpferd 1999

Gienger, Michael
Die Steinheilkunde
Saarbrücken: Neue Erde 1995

Hoffmann, Eva-Katharina
Energiepflanzen im Haus
München: Mosaik Verlag 1995

Kettenring, Maria
Raumdüfte
Sulzberg: Joy Verlag 1995

Kislinger, Elisabeth und
Hofmann, Helga
Feng Shui im Garten
München: Mosaik Verlag 1999

Kubny, Manfred
Qi – Lebenskraftkonzepte in
China
Heidelberg: Karl F. Haug Verlag
1995

Dr. Lim, Jes T. Y.
Feng Shui & Gesundheit
Sulzberg: Joy Verlag 1997

Dr. Lim, Jes T. Y.
Feng Shui für Büro & Business
München: Integral 2000

Linn, Denise
Die Magie des Wohnens
München: Goldmann Verlag
1996

Mayer-Tasch, Peter und
Malunat, Bernd
Strom des Lebens, Strom des
Todes
Frankfurt a. M.: Fischer 1995

Merz, Blanche
Die Seele des Ortes
München: Herold Verlag 1997

Schwenk, Theodor
Das sensible Chaos
Stuttgart: Verlag Freies Geistes-
leben 1991

Shima, Miki
I Ging in der Heilkunst
Interlaken: Ansata Verlag, 1994

Simon, Herta
Das neue BLV Zimmerpflan-
zen-Buch
München, Wien, Zürich: BLV
1999

Spear, William
Feng Shui Made Easy
New York: Harper Collins 1995

Stein, Siegfried
Wassergärten
München: BLV 1992

Swindells, Philip
Garden Pools, Waterfalls &
Fountains
London: Cassell 1995

Too, Lillian
Das große Buch des Feng Shui
München: Droemer Knaur
1997

Wachter, Karl
Der Wassergarten
Stuttgart: Ulmer 1993

Walters, Derek
Das Feng Shui Praxisbuch
Bern: Scherz Verlag 1996

Dr. Weise, Otfried
Zur eigenen Kraft finden
München: Tabula Smaragdina
1995

Wong, Eva
Feng Shui
Berlin: Ullstein 1997

Zur Hausen, Winfried
Lebendige Wasser
Stuttgart: Ulmer 1998

Hagia Chora
Zeitschrift für Geomantie
Mühldorf: Nr. 5/2000
Vom Wesen des Wassers

Bildnachweis

Index

124

Erweiterte und aktualisierte Neuauflage!

Barbara Temelie

Ernährung nach den Fünf Elementen

Wie Sie mit Freude und Genuß Ihre Gesundheit, Liebes-
und Lebenskraft stärken

224 Seiten, kart., mit Poster: Nahrungsmittel nach den Fünf Elementen
DM 29,80 / SFR 27,50 / ÖS 218,–
ISBN 3-928554-03-4

Erweiterte und aktualisierte
Neuauflage!

Barbara Temelie • Beatrice Trebuth

Das Fünf Elemente Kochbuch

Die praktische Umsetzung der chinesischen Ernährungslehre
für die westliche Küche
200 Rezepte zur Stärkung von Körper und Geist

416 Seiten, kart., mit Farbposter: Nahrungsmittel nach den Fünf Elementen
DM 36,– / SFR 33,– / ÖS 263,–
ISBN 3-928554-05-0

Karola Schneider

Kraftsuppen
nach der Chinesischen Heilkunde

Wohltuende und stärkende Fünf-Elemente-Suppen für die westliche Küche

152 Seiten, kart., mit vielen farb. Abb.,
DM 36,– / SFR 33,– / ÖS 263,–
ISBN 3-928554-35-2

Lam Kam Chuen • Lam Kai Sin

Master Lam's Feng Shui Küche

Feng Shui Inspirationen und delikate Küchenrezepte
aus dem Hause der Familie Lam

160 Seiten, kart.,
durchg. 4-farbig, mit vielen Fotos & Illustrationen
DM 38,– / SFR 35,– / ÖS 277,–
ISBN 3-928554-38-7

Dr. med. Leon Hammer
Psychologie & Chinesische Medizin

Zukunftsweisende Erkenntnisse über das energetische Zusammenspiel von Emotionen und Körperfunktionen

512 Seiten, kart.,
DM 68,– / SFR 62,– / ÖS 496,–
ISBN 3-928554-40-9

Lam Kam Chuen
Chi Kung – Weg der Heilung

Wie Sie Ihre Gesundheit und Heilkräfte stärken

160 Seiten, kart., über 300 Farbillustrationen,
DM 36,– / SFR 33,– / ÖS 263,–
ISBN 3-928554-37-9

Dr. Jes T. Y. Lim
Feng Shui & Gesundheit

Vital leben in Haus und Wohnung
Feng Shui lernen und anwenden

228 Seiten, kart., Großformat,
300 Illustrationen, 24 Aquarelle,
DM 38,– / SFR 35,– / ÖS 277,–
ISBN 3-928554-29-8

Lam Kam Chuen
Das Feng Shui Handbuch

Wie Sie Ihre Wohn- und Arbeitssituation verbessern

160 Seiten, großes Format, 300 Illustrationen
DM 36,– / SFR 33,– / ÖS 263,–

ISBN 3-928554-18-2